대
학
집
주

東洋學叢書
65
동양학총서

대학집주
大學

集註

유가 사상의 완성
儒家

주희 朱熹 집주
이준영 해역

지유문고

『대학』은 어떤 책인가?

저서著書의 이름인 '대학大學'은, 본래는 고대 중국 왕조시대의 교육기관이며 최고 학부를 말한다. '대학'은 세 가지의 뜻을 담고 있다.

그 첫째는 소학교小學校와 대칭對稱되는 것으로, 태학泰學 또는 대학大學이라고 일컫던 교육기관의 명칭이다.

둘째는 대인大人의 학문인데, 대인은 군자君子로서 학문과 덕이 높은 성인聖人을 일컫는 것이다.

셋째는 저서 명칭의 하나로, 이 『대학』 책을 말하는 것이다.

이 세 가지 의미를 다 내포하고 있는 것이 오늘날까지 전해져 내려오는 '대학'의 기본 뜻이라 하겠다.

그러면 이 『대학』은 어떻게 만들어졌는가?

『대학』은 본래 오경(五經: 詩經·書經·易經·禮記·春秋)의 하나인 『예기禮記』의 49편 가운데 42편에 수록된 것이었다〔『예기』는 前漢의 戴聖이 편찬한 책이다〕.

이 『예기』의 한 편에 불과한 「대학」은, 송宋나라 학문 발전의 기틀을 제공한 당唐나라의 대유大儒이며 대문장가大文章家인 한유(韓愈. 字는 退之)에 의해 처음으로 주목받기 시작했다.

한퇴지는 『원도原道』라는 글을 지어 '인의仁義와 도덕道德의 실상을

재천명하여 대학 경문의 일부를 밝히고, 도교(道敎: 老莊)와 불교가
인심을 풍미하던 그 시기에 불골표佛骨表를 지어 도교와 불교를 신랄히
비판하였다.

또 유학儒學의 바른 것을 강조함과 동시에 유학의 위대함을 열거하여
그것을 굳건히 지키는 데 앞장섰다.

그 후 「대학」을 『예기』에서 분리시켜 주석註釋을 단 것은 북송北宋
때 『대학광의大學廣義』를 지은 사마광(司馬光. 字는 君實, 溫國公)이다.

그 뒤를 이어 정명도(程明道: 程顥), 정이천(程伊川: 程頤) 형제와
그 제자인 여대임呂大臨이 주석을 달았다.

다시 남송시대의 성리학性理學을 집대성한 주자(朱子: 朱熹)에 이르
러 『대학집주장구大學集註章句』를 편찬함에 이르러 이때부터 『대학』
은 사서四書의 하나로 완성되었으며 제구실을 하게 되었다.

당나라시대 이전까지는 오경五經이 유학사상의 중심이었으나 송나
라시대에 이르러서는 사상의 중심이 사서(四書: 大學·中庸·論語·孟子)
로 옮겨졌다.

송나라의 대학자인 주자에 의해 『대학집주장구』가 편찬됨에 따라
사서의 정비는 완결되게 되었고, 『대학』 또한 유학의 기본 경전(經典:
사서의 하나)으로서의 확고한 자리를 차지하게 되었다.

주자에 의하면 『대학』의 저자는 공자孔子의 제자인 증자曾子와 그
문인門人들이라 말하고 있는데, 다만 확실한 고증이 없이 그저 그렇다
고 할 뿐 그의 근거는 확실하다고 볼 수 없다.

주자는 『대학』을 유가의 기본 경전인 사서 가운데에서 가장 근본적
인 학문으로 다루어 유가의 도통道統을 세웠다.

이 『대학』은 경문經文 1장과 전문傳文 10장으로 나누어져 있다.

경문은 공자의 말을 그의 제자인 증자가 기술한 것이며, 그 내용은 대학 교육의 목적을 다룬 명명덕明明德·신민新民·지어지선止於至善의 3강령三綱領과 3강령의 실천 세목인 격물格物·치지致知·성의誠意·정심正心·수신修身·제가齊家·치국治國·평천하平天下의 8조목八條目을 다루고 있다.

전문은 증자의 말을 증자의 문인들이 기록한 것이라고 하며, 앞의 3강령과 8조목을 해설하고 순서를 나열하고 본문의 뜻을 연역演繹한 내용으로 이루어져 있다.

주자는 특히 치지재격물致知在格物에 대한 증자의 전傳이 망실亡失되어 있는 것에 자신이 직접 그 전문을 만들어 보충〔補亡章: 格物致知〕하여 그 부분에 넣어 놓기도 하였다.

대학의 최고 목표는 중용中庸의 도와 통하는 것으로, 지선至善에 머무는 것이다. 이 지선에 이르는 수련과정은 사물을 궁구하여 밝히는 격물의 과정에서부터 시작되어 치지致知를 거쳐 성의와 정심에 이르게 되면 수신을 이루게 된다는 것이다. 이것이 곧 지선에 이르는 길이라고 하였다.

수신修身은 하늘로부터 부여받은 자신의 밝은 덕을 잘 닦아 밝게 빛내야 한다는 명명덕과 통한다. 모든 덕행의 시발점인 수신을 이루어 자신의 덕을 잘 닦아 나아가면 제가齊家는 저절로 이루어지며 제가가 이루어지면 사람들을 감화시켜 그들로 하여금 스스로 밝은 도리로 나아가게 만드는 것이다.

사람마다 밝은 도리로 나아가게 만드는 것은 백성을 새롭게 하는

8

것이며 백성을 다스리는 치국治國을 이룬다는 말과 통한다. 나라가
잘 다스려지면 곧 천하가 편안해지는 것이다.

대학은 중국뿐만 아니라 우리나라 조선조(朝鮮朝: 成均館)에도 있었
던 교육기관이며 최고 학부이다. 그 당시 대학大學 또는 태학泰學은
군자나 덕이 높은 대인들이 학문을 수련하는 기본서였으며 또 학문
완성의 도장이었다.

그러므로 현대인이 『대학』을 통달하면 자신의 인격도야人格陶冶는
물론, 스스로 지성의 대열에 설 수 있을 것이며, 유가사상儒家思想의
기본 이론서로서 유학의 다른 경서를 독파하는 데 많은 도움이 될
것이다.

현대의 지성인이나 정치인들, 모든 분야의 지도자들은 이 『대학』
한 권을 독파하고 각자의 직무에 임하면 우리 사회는 나날이 밝아지고
모든 국민의 삶 또한 나날이 향상될 것이다. 또 자기 자신이 불의에
빠져 몸을 망치고 가정을 파탄시키는 일은 일어나지 않을 것이다.

밝은 사회, 밝은 국민, 깨끗한 정치, 도덕성의 회복 등 이 모든
것은 우리 모두의 소망이 아닌가? 이 『대학』 한 권이 이 모든 것을
이루어줄 수 있을 것이라고 믿는다.

※ 이 역서譯書의 원본은 주희(朱熹: 朱子)의 『대학집주장구』를 근본으로 하였다.

대학장구서문大學章句序文

『대학』이란 저서著書는 옛날 태학(泰學: 大學)에서 사람들을 가르치던 법이다.

대개 하늘이 이 백성을 내릴 때부터 이미 인(仁: 사랑)·의(義: 도리)·예(禮: 예의)·지(智: 지각)인 인간 본연의 성품性稟을 부여해 주지 않은 사람은 없었다.

그러나 그 타고난 기질(氣質: 天才와 愚人)의 품성은 혹은 서로 같을 수 없다. 이 때문에 그가 하늘에서 받은 성품〔仁義禮智〕의 소유한 바를 알고 그것을 다시 되찾아 능히 온전히 보전하는 자는 있지 않았다.

오로지 총명하고 슬기로운 지혜로 자신의 본성을 다하는 자가 있어 그 사이에 출현하면 하늘은 곧 그에게 명령하여 모든 백성의 군사(君師: 모든 백성의 사표)로 삼았다. 또 그로 하여금 만백성을 다스리고 교화시켜 그들의 본성을 되찾도록 도와주게 했다.

이것은 복희伏羲, 신농神農, 황제黃帝, 요堯, 순舜과 같은 명철한 군주들이 하늘의 뜻을 계승하고 모든 법칙을 세워 사도(司徒: 교육을 관장하는 벼슬)의 직책과 전악(典樂: 음악을 관장하는 벼슬)의 관직을 만들었던 까닭이었다.

삼대(三代: 夏·殷·周)의 융성기隆盛期에는 그 법이 다 쌓여 갖추어진 연후에 왕궁王宮이나 제후국諸侯國의 수도首都, 또한 각 고을의 곳곳마다 학교시설이 없는 곳이 없었다.

사람이 태어나 8세가 되면 왕공(王公: 왕족이나 공작)의 자제로부터 아래로 서민庶民의 자제에 이르기까지 모두 소학小學에 입학하였다.

이들에게 물 뿌리고 쓸며, 응하고 대하며, 나아가고 물러나는 절도와 예법, 음악, 활쏘기, 말 타기, 글쓰기, 수학 등의 글을 가르치도록 하였다.

15세가 되면 천자(天子: 황제)의 맏아들과 여러 아들로부터 공경(公卿: 공작이나 제후), 대부(大夫: 장관), 원사(元士: 일반 관리)의 적자(嫡子: 장자)나 서민의 뛰어난 자제子弟에 이르기까지 모두 대학에 입학入學하게 했다. 이들에게 모든 이치를 궁구하고, 마음을 바르게 하고, 몸을 닦고, 남을 다스리는 도리를 가르쳤다.

이것은 학교 교육에 있어서 크고 작은 절차를 분류시킨 것이다.

대저 학교 교육을 실시하는 것의 그 광대한 것이 이와 같았고, 교육을 하는 방법은 그 순서와 각 절목節目의 자상한 것이 이와 같았다.

또 그곳에서 가르치는 내용은 군주가 몸소 실천하고 마음으로 체득하여 얻은 산지식에 근본 한 나머지이고, 모든 백성이 일상생활에서 날마다 체험하여 얻는 평상의 인간 도리의 밖에서 구하는 것을 기다리지 않았다.

이 때문에 당시의 사람들은 배우지 않는 자가 없었다.

배우는 사람들은 자신이 하늘로부터 부여賦與 받은 성분性分의 진실로 소유한 바와 직분職分에서 마땅히 해야 할 것들을 알아 각각이 힘써 그들의 힘을 다함이 있지 않는 것이 없었다.

이것은 옛날 다스림이 융성했을 때에 군주들이 다스리는 바를 위에서 융성하게 해 풍속이 아래에서 아름다워져 후세의 군주들이 능히 이르는 바가 아니었다.

그 후 주(周: 武王이 건국)나라의 도덕이 쇠퇴함에 이르러 현명하고 성스런 군주가 일어나지 않았고 학교의 운영도 제 기능을 회복하지 못하고 백성을 교화하는 기능도 점점 평이해지고 풍속마저 퇴패頹敗해졌다.

이때 공자(孔子: 孔丘)와 같은 성인이 있었으나 그는 군사(君師: 군주나 황제)의 지위로 그의 정치와 교육을 행하는 것을 얻지 못했다.

이에 홀로 선왕(先王: 선대의 황제)들의 좋은 법도를 취하여 그것을 구송口誦하고 전하여 후세에까지 이르게 하였다.

곡례, 소의, 내칙, 제자직(曲禮, 少儀, 內則, 弟子職: 『禮記』의 篇名)과 같은 여러 편은 진실로 고대 소학교에서 가르치던 한 가지 작은 줄기이며 남아 있는 것들이었다.

이 『대학』의 편은 소학 교육의 성공을 따라 대학 교육의 밝은 법도를 나타낸 것이다. 밖으로는 대학 교육의 그 규모의 방대함이 극에 도달했으며, 안으로는 그 절목의 상세함을 다하고 있는 것이다.

3천 명의 제자 가운데 공자의 『대학』에 대한 설명을 듣지 않은 제자가 없었으나 오직 증씨(曾氏: 曾參, 곧 증자)의 전傳만이 홀로 그의 정통을 얻었다. 이에 일어나 전의傳義를 만들고 공자의 뜻을 발명시켰다.

맹자가 세상을 뜸에 이르러 대학을 전할 사람이 없었다. 그 글은 비록 남아 있었으나 대학을 이해하고 아는 사람은 드물었다.

이때부터 내려오는데 속된 선비들은 경전을 암송(暗誦: 외우다)하고 시와 글이나 짓고 하는 관습에만 몰두하여 그 공력은 소학을 배우는 것보다 갑절을 쏟아도 아무런 쓸모가 없었으며, 이단異端인 도가(道家: 老莊)와 불교佛敎의 허무적멸(虛無寂滅: 아무것도 없고 텅 비고 자연히 없어짐)의 가르침은 그 고원高遠한 것이 대학공부의 과정보다 지나쳤으나 아무런 실속이 없었다.

그 밖의 여러 권모술수權謀術數나 일체의 모든 공적과 명예만을 탐내는 말에 나아가거나 온갖 잡스런 사상가 및 재주꾼들이 부류와 함께 해 세상을 현혹시키고 백성을 속였으며, 인仁과 의를 막아 버리는 자들이 그 사이에 또 분연紛然히 섞여 나와 그 군자들로 하여금 불행히도 큰 도道인 대학의 요체를 듣지 못하게 했고 그 소인(小人: 백성)들로 하여금 불행히도 잘 다스려지는 은택을 입는 것을 얻지 못하게 했으며 캄캄하고 어둡고 답답하고 꽉 막히고 되풀이되고 고질적인 병이 되었다. 오대(五代: 梁·唐·晉·漢·周)의 쇠퇴기에 접어들어서는 파괴되어 혼란함이 극도에 다다랐다.

하늘의 운수는 돌고 돌아가면 다시는 되돌아오지 않는 것이다. 송宋나라의 덕이 크게 융성하여 정치와 교육이 아름답고 밝아졌다. 이때 하남의 정씨(程氏: 程顯·程頤 형제, 곧 程子 형제)인 두 부자(夫子: 선생)께서 출생하여 그동안 끊어진 맹자의 도통道通의 전함을 계승함이 있어 진실로 처음으로 이 편[대학]을 믿어서 높이고 나타내어 밝혔으며, 이미 또 만들어 그 간편簡編을 차례하고 그 귀착점을 발동시킨 연후에야 옛날 태학(대학)에서 사람을 가르치던 방법과 성인聖人의 경문經文과 현인賢人의 전문傳文의 뜻을 찬연히 다시 이 세상에 밝히게 되었다.

희〔朱熹〕의 민첩하지 못함으로도 또한 다행스럽게 그분들〔二程: 程明道·程伊川〕을 사숙私淑하고 그분들을 통하여 가르침을 들었다.

되돌아보니 그 책을 만든 것이 오히려 자못 방실放失되었다.

이로써 그의 고루함도 잊고 여러 자료에서 캐고 수집하고 그 사이에 사사로운 나의 뜻을 몰래 첨가하고 빠지고 생략된 곳을 보충하여 뒤에 오는 군자들을 기다린다.

이 작업은 외람되고 지극히 분수에 넘치는 것으로 큰 죄를 모면할 길이 없음을 나는 잘 알고 있다. 그러나 국가가 백성을 교육하고 좋은 풍속을 이룩하려는 뜻과 학자들이 자신의 덕을 닦고 백성을 다스리는 한 방법으로는 반드시 작으나마 도움이 되는 것이 없지 않을 것이라고 여긴다.

순희(淳熙: 宋 孝宗의 연호) 기유년(순희 16년) 2월 갑자일에 신안新安의 주희朱熹가 서문을 쓴다.

大學之書는 古之太學에 所以敎人之法也라 蓋自天降生民으로 則旣莫不與之以仁義禮智之性矣언마는 然이나 其氣質之稟이 或不能齊일새 是以로 不能皆有以知其性之所有而全之也라 一有聰明睿智能盡其性者 出於其間則天必命之하사 以爲億兆之君師하사 使之治而敎之하여 以復其性케하시니 此 伏羲神農黃帝堯舜所以繼天立極하여 而司徒之職과 典樂之官을 所由設也시니라 三代之隆에 其法이 寢備然後에 王宮國都로 以及閭巷히 莫不有學하여 人生八歲어든 則自王公以下로 至於庶人之子弟히 皆入小學하여 而敎之以灑掃應對進退之節과 禮樂射御

書數之文하고 及其十有五年이어든 則自天子之元子衆子로 以至公卿
大夫元士之適子로 與凡民之俊秀히 皆入大學하여 而敎之以窮理正心
脩己治人之道하니 此又學校之敎 大小之節이 所以分也라 夫以學校之
設이 其廣이 如此하고 敎之之術이 其次第節目之詳이 又如此하니 而其
所以爲敎則又皆本之人君躬行心得之餘오 不待求之民生日用彝倫
之外라 是以當世之人이 無不學하고 其學焉者 無不有以知其性分之所
固有와 職分之所當爲而各俛焉하여 以盡其力하니 此는 古昔盛時에 所
以治隆於上하고 俗美於下하여 而非後世之所能及也러니 及周之衰하여
賢聖之君이 不作하고 學校之政이 不脩하여 敎化 陵夷하고 風俗이 頹敗하
니 時則有若孔子之聖이라도 而不得君師之位하사 以行其政敎하니 於是
에 獨取先王之法하사 誦而傳之하여 以詔後世하시니 若曲禮少儀內則弟
子職諸篇은 固小學之支流餘裔오 而此篇者則因小學之成功하여 以著
大學之明法하니 外有以極其規模之大하며 而內有以盡其節目之詳者
也라 三千之徒 蓋莫不聞其說이언마는 而曾氏之傳이 獨得其宗하여 於
是에 作爲傳義하사 以發其意하시고 及孟子沒而其傳이 泯焉則其書 雖
存而知者鮮矣라 自是以來로 俗儒記誦詞章之習이 其功이 倍於小學而
無用하고 異端虛無寂滅之敎 其高 過於大學而無實하고 其他權謀術數
一切以就功名之說과 與夫百家衆技之流 所以惑世誣民하고 充塞仁
義者 又紛然雜出乎其間하여 使其君子로 不幸而不得聞大道之要하고
其小人으로 不幸而不得蒙至治之澤하여 晦盲否塞하고 反覆沈痼하여 以
及五季之衰而壞亂이 極矣라 天運이 循環하사 無往不復일새 宋德이 隆
盛하사 治敎 休明하시니 於是에 河南程氏兩夫子 出하사 而有以接乎孟
氏之傳하여 實始尊信此篇하사 而表章之하시며 旣又爲之次其簡編하며

發其歸趣然後에야 古者大學教人之法과 聖經賢傳之指 粲然復明於
世하니 雖以熹之不敏으로도 亦幸私淑而與有聞焉하니 顧其爲書 猶頗
放失일새 是以로 忘其固陋하고 采而輯之하며 間亦竊附己意하여 補其闕
畧하여 以俟後之君子하노니 極知僭踰 無所逃罪나 然이나 於國家化民
成俗之意와 學者脩己治人之方엔 則未必無小補云이라
淳熙己酉二月甲子에 新安朱熹序하노라

대학집주장구대전大*學集註章句大全

자정자子程子는 말하기를 "『대학大學』은 공씨孔氏의 유서遺書이고 처음 배우는 자들이 덕德으로 들어가는 문門이다. 지금 옛날 사람들이 학문을 하는 차례를 볼 수 있는 것은 유독 이 편이 존재하는 것을 얻은 것이고, 『논어』와 『맹자』가 다음 한다. 학자들은 반드시 이것으로 말미암아 배운다면 곧 어그러지지 않는 데 가까이할 것이다."라고 했다.

子程子曰 大學은 孔氏之遺書而初學入德之門也라 於今可見古人爲學次第者는 獨賴此篇之存而論孟이 次之하니 學者必由是而學焉이면 則庶乎其不差矣리라

*대太는 옛날에는 태太로 읽었으나 지금은 글자와 같게 읽는다.

제 1 편

대학의 요체 要諦

—大學經文 十章—

사람은 머무를 곳을 알면
그 자신의 머무를 곳을 정할 수 있다.
머무를 곳이 정해지면
누구나 편안한 마음으로 있을 수 있다.
누구나 편안한 마음을 가지면
마음의 안정을 얻어
그곳에 편안하게 머무를 수 있다.
편안하게 머무를 수 있게 된 후에는
누구나 편안한 마음으로
모든 사물의 이치를 생각할 수 있다.
편안한 마음으로 사물의 이치를 궁구하게 되면
자신이 머무는 곳의
근본의 뜻을 얻을 수 있다.

1. 대학인大學人의 갈 길

대학大學의 도道는 밝은 덕[明德]을 밝히는 데 있으며, 민民을 새롭게 하는 데 있으며, 지극한 선善에 지止함에 있느니라.

大學[1]之道는 在明明德[2]하며 在親民[3]하며 在止於至善[4]이니라

✻

1 大學(대학): 소인小人의 대칭으로 대인大人의 학문을 말한다. 대인은 곧, 성인聖人이라는 뜻이며 성인의 학문을 대학이라고 한다.

2 明德(명덕): 사람이 태어날 때 하늘로부터 부여받은 것으로 허령虛靈한 상태에서 어둡지 않고 모든 이치를 다 갖추고 있으며, 모든 일에도 적응할 수 있는 선천적으로 타고난 인간의 밝고 밝은 마음이다. 곧 인간의 순수한 본바탕.

3 親民(친민): 친민의 친親자는 신新의 잘못으로 정자程子 형제와 주자朱子가 주장하였다. 새롭게 한다. 곧 백성을 새롭게 한다는 뜻. 또 명明나라의 왕양명王陽明은 구본舊本대로 '백성을 친애함'으로 풀이하기도 하였다. 여기에서는 정자와 주자의 해석을 인용하였다.

4 至善(지선): 모든 이치의 지극한 곳. 삶의 편안한 곳. 모든 일의 지극한 곳. 대학의 길은 곧 모든 백성이 삶의 보금자리를 얻어 안락한 삶을 누리는 것으로 지선의 경지에 이른다는 것을 뜻한다. 이것은 '한쪽으로 치우치지 않고, 바뀌지 않는 것'으로 중용의 덕[中庸之德]이라 하며 항상 중용의 덕에 머물러 있다고 말한다. 이러한 것은 공자의 문하에서 제자들에게 전수한 도통道統의 지극한 이치이기도 하다.

대학大學의 길은 타고난 밝은 자신의 덕德을 갈고 닦아 밝히는 데 있다.

모든 백성을 새로운 바람과 새로운 사고思考로 바꾸는 데 있다.

또 모든 백성이 새로운 바람의 혜택을 입고 편안한 삶을 누리게 하는 데 그 목적이 있다.

◉ 주희朱熹의 집주에서 말했다.

"정자程子는 '친親'자는 '신新'자가 되어야 마땅하다고 했다. 대학大學은 대인大人의 학學이다. 명明은 명지(明之: 밝히다)이다. 명덕明德은 사람이 하늘에서 얻은 바이며 허령불매(虛靈不昧: 마음이 공허하여 형체가 없지만 그 기능은 맑고 환하여 거울이 사물을 비추어주는 것과 같은 것을 이른다)하여 모든 이치를 갖추고 만사에 임하는 것이다. 다만 기품(氣稟: 타고난 성격과 기품)의 거리끼는 바가 되고 인욕人欲이 가리는 바가 되게 되면 때에 있어 어두워진다. 그러나 그 본체本體의 밝은 것은 일찍이 휴식하지 아니하는 것이 있다. 그러므로 학자는 마땅히 그것이 발동하는 바를 따라 드디어 밝혀서 그의 처음으로 되돌아가는 것이다. 신新은 그 옛 것을 고치는 것을 이른다. 이미 스스로 그의 명덕을 밝히고 또 마땅히 미루어 남에게 이르게 하고 시켜서 또한 그 옛날부터 물들여진 더러운 것을 제거함이 있는 것을 말한다. 지止는 반드시 이곳에 이르러서 옮기지 않는다는 뜻이다. 지선至善은 곧 사리事理의 당연한 것이 지극한 것이다.

명명덕明明德과 신민新民은 모두 마땅히 지선至善의 땅에 머물러

옮기지 않는 것이며, 대개 반드시 그 하늘 이치〔天理〕의 지극한 것을 다함이 있고 하나의 깃털만큼의 인욕의 사사로움이 없는 것이다. 이 명명덕, 신민, 지어지선止於至善의 세 가지는 대학의 강령綱領이다.”

🐚 程子曰 親 當作新

大學者 大人之學也 明 明之也 明德者 人之所得乎天 而虛靈不昧 以具衆理 而應萬事者也 但爲氣禀所拘 人欲所蔽 則有時而昏 然 其本體之明則有未嘗息者 故學者 當因其所發而遂明之 以復其初也 新者 革其舊之謂也 言 旣自明其明德 又當推以及人 使之亦有以去其舊染之汚也 止者必至於是 而不遷之意 至善則事理當然之極也 言 明明德新民 皆當止於至善之地而不遷 蓋必其有以盡夫天理之極 而無一毫人欲之私也 此三者大學之綱領也

『대학』은 대인(大人: 聖人)의 학문이다. 이 대인은 왜소하고 편협하며 고루한 소인小人과 대칭되는 반대의 개념이다. 이 대인〔聖人〕은 선천적으로 하늘이 부여해 준 인의예지仁義禮智의 밝은 성품을 자신이 몸소 갈고 닦는다. 갈고 닦은 후에는 모든 백성을 자신이 갈고 닦은 학문으로 교화시켜 새로운 정신을 불어넣어 새롭게 하는 것이다.

그 후 그 백성과 함께 편안한 삶을 누리면서 평화의 낙원이며 살기 좋은 백성의 삶의 영원한 터전을 마련하는 것이다. 이것은 세계평화의 길이며 모든 백성이 항상 꿈꾸는 이상향理想鄕이라 할 것이다.

이 문장의 밝은 덕을 밝히는 ‘명명덕明明德’과 모든 백성을 새롭게 하는 ‘신민(新民: 親民)’, 백성이 새로운 바람의 훈도에 힘입어 편안한 삶을 누리는 ‘지어지선止於至善’은 본 『대학』의 3강령三綱領이며 또한

28

『대학』의 기본 요체要諦이다.

2. 삶은 안식처를 얻는 데 있다

그치는 곳을 안 후에는 정함이 있다. 정함이 있은 후에야 능히 고요해지
며 고요한 후에는 능히 편안하고 편안한 후에는 능히 생각하며 생각한
후에야 능히 얻는 것이 있다.

知止[1]而后에 有定[2]이니 定而后에 能靜[3]하며 靜而后에 能安[4]하며 安而后에
能慮[5]하며 慮而后에 能得이니라

※

1 知止(지지): 머무를 곳을 아는 것. 자신이 가야 할 길을 아는 것. 지극히
  선한 곳.
2 有定(유정): 머무를 곳을 정하다. 유有자를 쓴 이유는 정靜·안安·여慮·득得
  은 마음을 말하였지만 유정有定은 자연의 이치이기 때문이다.
3 靜(정): 마음이 안정되어 동요됨이 없는 상태를 말한다.
4 安(안): 거처하는 곳이 편안한 상태를 말한다.
5 慮(려): 사물의 이치를 연구하는 일에 심혈을 기울여 정진하는 것을 말한다.

　사람은 머무를 곳을 알면 그 자신의 머무를 곳을 정할 수 있다.
머무를 곳이 정해지면 누구나 편안한 마음으로 있을 수 있다. 누구나
편안한 마음을 가지면 마음의 안정을 얻어 그곳에 편안하게 머무를
수 있다.
　편안하게 머무를 수 있게 된 후에는 누구나 편안한 마음으로 모든

사물의 이치를 생각할 수 있다. 편안한 마음으로 사물의 이치를 궁구하게 되면 자신이 머무는 곳에 왜 머물러야 하는가 하는 그 근본의 뜻을 얻을 수 있다.

◉ 집주에서 말했다.

"지止는 마땅히 머물러야 할 땅인 바이며 곧, 지선至善이 소재하는 곳이다. 머무르는 곳을 알게 되면 뜻이 정해져 향하는 바가 있게 되는 것이다. 정靜은 마음이 망령되이 움직이지 않는 것을 이른다. 안安은 거처하는 곳에 편안한 것을 이른다. 여慮는 일에 처해서 정밀하고 상세한 것을 이른다. 득得은 그 머무르는 바를 얻은 것을 이른다."

❧ 止者 所當止之地 卽至善之所在也 知之 則志有定向 靜 謂心不妄動 安 謂所處而安 慮 謂處事精詳 得 謂得其所止

이 문장은 3강령의 하나인 '지어지선止於至善'의 뜻을 설명한 것이다. 자신이 머무를 곳을 안다는 것은 쉽지 않은 일이다. 자신이 머무를 곳을 알게 되면 머무를 곳이 정해지며 마음의 안정도 이루어지는 것이다. 머무를 곳이 정해지면 고요하고 편안한 마음을 유지할 수 있다. 마음이 고요하고 편안하게 유지되므로 거처하는 곳도 또한 편안함을 유지할 수 있다. 거처하는 곳이 편안하면 모든 사물의 이치를 연구할 수 있다. 모든 사물을 연구하는 데도 편안하게 되면 더 심혈을 기울여 모든 일에 정진할 수 있게 되는 것이다. '모든 일에 정성을 쏟으면 무슨 일이라도 이룰 수 있다〔精神一到何事不成〕'는 말이 있다.

모든 잡념을 버리고 정신을 한 곳에 집중하여 정진精進하면 자신이 소망하는 바를 얻을 수 있으며, 또 그 소망하는 것의 근본 목적이 무엇인지도 알 수 있는 것이다.

3. 모든 사물의 시작과 끝

물物에는 근본과 말단이 있고, 일에는 마침과 비롯함이 있다. 먼저 하고 나중에 할 것을 알면 곧 도에 가까우리라.

物有本末[1]하고 事有終始[2]하니 知所先後[3]이면 則近道[4]矣리라

※

1 本末(본말): 명덕明德이 근본이 되고, 신민新民이 말단이라는 뜻.
2 終始(종시): 능득能得이 종終이 되고, 지지知止가 시始가 된다는 뜻.
3 先後(선후): 먼저 할 것은 본本과 시始이고, 나중에 할 것은 말末과 종終이라는 뜻이다.
4 近道(근도): 대학인의 도道에 이르는 것에 가까이하다. 곧, 중용의 덕德과 같다. 곧, 사람이 살아가는 도리.

세상의 모든 만물에는 근본根本과 종말終末이 있다. 모든 일에는 끝맺음하고 시작하는 것이 있다.
이러한 이치를 알아 먼저 해야 할 것과 나중에 해도 될 것을 깨우친다면 대학인의 길을 터득하는 데 가까이한 것이다.

◉ 집주에서 말했다.

"명덕明德은 본本이 되고, 신민新民은 말末이 된다. 지지知止는 시始가 되고, 능득能得은 종終이 된다. 본本과 시始는 먼저 할 것이고, 말末과 종終은 뒤에 할 바이다. 이 문장은 위의 두 문장의 뜻을 결론지은 것이다."

🌿 明德爲本 新民爲末 知止爲始 能得爲終 本始 所先 末終 所後 此 結上文兩節之意

　자기의 명덕明德을 밝히는 것은 근본[本]인 것이요, 모든 백성을 새롭게 하는 신민新民의 일은 말단[末]인 것이다. 머무를 곳을 아는 것은 시작[始]이요, 모든 것을 얻는 것은 마침[終]이다.
　시작과 끝은 모든 이치의 근본이다.
　대학의 기본인 앞의 1, 2의 문장을 함축시켜 시작과 끝의 순서가 있다는 것으로 결론지은 것이다.

4. 이치를 아는 것은 천하를 다스리는 근본이다

옛날 명덕을 천하에 밝히고자 하는 자는 먼저 그 나라를 다스렸다. 그 나라를 다스리고자 하는 자는 먼저 그 집안을 가지런히 하였다. 그 집안을 가지런히 하고자 하는 자는 먼저 그 몸을 갈고 닦았다. 그 몸을 갈고 닦으려 하는 자는 먼저 그 마음을 바르게 하였다. 그 마음을 바르게 하고자 하는 자는 먼저 그의 뜻을 성실하게 하였다. 그의 뜻을 성실하게 하고자 하는 자는 먼저 그 아는 데에 이르도록 하였다. 앎에 이르는 일은 物物의 이치를 밝히는 데 있다.

古之欲明[1]明德於天下者는 先治其國하고 欲治其國者는 先齊其家하고
欲齊其家者는 先修其身하고 欲修其身者는 先正其心[2]하고 欲正其心者
는 先誠其意[3]하고 欲誠其意者는 先致其知하니 致知[4]는 在格物하니라

※

1 明(명): 밝히다. 널리 펴 밝히다.
2 心(심): 몸의 주인이 되는 곳. 자신의 정지한 상태의 마음.
3 意(의): 마음이 발로한 것. 마음이 충동되어 움직인 상태.
4 致知(치지): 지극한 앎에 이르다. 꿰뚫다. 치致는 미루어 지극한 곳에 이르다.
 지知는 앎.

 옛날부터 자신이 갈고 닦은 밝은 덕을 만천하에 펼쳐보고자 하는
사람은 제일 먼저 자신의 나라를 잘 다스렸다.
 또 자신의 나라를 잘 다스리려고 하는 사람은 먼저 자신의 가정을
잘 살펴 화목하고 평화롭게 하였다.
 그 가정을 화목하고 평화롭게 하고자 하는 사람은 또 자신의 몸부터
먼저 잘 갈고 닦았다.
 자신의 몸을 수양하고자 하는 사람은 먼저 마음부터 바르게 가졌다.
 마음을 바르게 가지려고 하는 사람은 먼저 마음속의 뜻을 진실하게
하고 성실하게 하였다.
 마음속의 뜻을 진실하게 하고 성실하게 하고자 하는 사람은 먼저
모든 이치를 추구推究해 알았다.

모든 이치를 미루어 아는 것은 모든 일을 몸소 체험하는 데 있는 것이다.

◉ 집주에서 말했다.

"명명덕어천하자明明德於天下者는 천하의 사람으로 하여금 모두 그의 명덕을 밝히게 함이 있는 것이다. 심心은 신체의 주인이 되는 바이다. 성誠은 실實이다. 의意는 마음이 발동한 바이다. 그 심心의 발동한 바가 실實하면 그는 반드시 스스로 마음에 맞아서 스스로를 속이고자 하는 것이 없고자 하는 것이다. 치致는 추극(推極: 미루어 다하다)이다. 지知는 식識과 같다. 나의 지식을 지극히 미루어 그의 아는 바를 다하지 않는 것이 없고자 하는 것이다. 격格은 지至이다. 물物은 사事와 같다. 사물의 이치를 궁구해 이르러 그의 지극한 곳에 이르지 않는 것이 없고자 하는 것이다. 이상의 평천하平天下·치국治國·제가齊家·수신修身·정심正心·성의誠意·치지致知·격물格物의 여덟 가지는 『대학』의 조목條目이다."

📖 明明德於天下者 使天下之人 皆有以明其明德也 心者 身之所主也 誠 實也 意者 心之所發也 實其心之所發 欲其必自慊 而無自欺也 致 推極 也 知 猶識也 推極吾之知識 欲其所知無不盡也 格 至也 物 猶事也 窮至事 物之理 欲其極處無不到也 此八者 大學之條目也

이 구절은 천하를 편안하게 하려면 작은 것부터 시작하여 노력할 것을 말한 것으로, 자신을 갈고 닦아 밝은 덕을 지니고 온 천하를 밝히고자 하는 군자는 한 단계 한 단계의 계단을 차례로 밟아가야 한다는 진리를 말한 것이다.

이 논리는 위에서 아래로 하향하는 것 같지만 사실은 밑에서 위의 계단으로 상향하는 방식을 역설逆說로 이야기한 것이다. 현장의 체험을 토대로 해 지식을 쌓고 그 지식을 밑바탕으로 마음과 몸을 닦고, 몸을 닦는 것을 성취한 뒤에 집안을 가지런히 하고, 집안을 가지런히 한 다음 국가를 다스리고, 국가를 다스린 다음에는 천하로 나아가며, 국가를 다스리는 방법을 천하를 다스리는 근본으로 삼는다는 것을 표현한 것이다. 이것은 남을 다스리기에 앞서 자신을 잘 다스려야 한다는 유학儒學의 근본이념이기도 하다. 현대의 정치인들이 이것을 깨닫는다면 오늘날의 이러한 권모술수權謀術數가 난무하는 정치는 존재하지 않을 것이다. 오늘날의 정치인뿐만 아니라 후세의 정치인들도 이 『대학』의 경문을 탐독하여 깨우친다면 자신의 처세는 말할 것도 없을 뿐 아니라 남을 다스리는 데에 있어서도 큰 과오는 없으리라 믿는다. 이 절의 격물格物·치지致知·성의誠意·정심正心·수신修身·제가齊家·치국治國·평천하平天下는 『대학』의 8조목條目이다. 이 8조목은 3강령의 실천 세목細目으로 3강령 다음으로 중요한 것이다.

5. 세계 평화를 이룩하는 길

사물에 격格한 후에는 앎에 이르고 앎에 이른 후에는 뜻이 성실해지고 뜻이 성실해진 후에는 마음이 바르게 되고 마음이 바르게 된 후에는 몸이 닦아지고 몸이 닦아진 후에는 집안이 가지런해지고 집안이 가지런

해진 후에는 나라가 다스려지고 나라가 다스려진 후에는 천하가 화평해
진다.

物格[1]而后에 知至[2]하고 知至而后에 意誠하고 意誠而后에 心正하고 心正
而后에 身修하고 身修而后에 家齊하고 家齊而后에 國治하고 國治而後에
天下平이니라

※

1 物格(물격) : 사물의 이치를 다한 곳. 사물의 진리.
2 知至(지지) : 마음속으로 모르는 것이 없는 상태. 곧 무불통지無不通知하다.

　몸소 사물을 체험한 다음에라야 올바른 지식을 얻을 수 있다. 올바른
지식을 얻어야 자신의 뜻을 진실하게 할 수 있다.
　자신의 뜻을 진실하게 한 후에야 비로소 자신의 마음을 바르게
할 수 있다. 자신의 마음을 바르게 가져야 자신의 수양을 완성할
수 있다.
　자신의 수양을 완성시켜야만 집안의 평화를 가져올 수 있다.
　집안이 평화로워야 나아가 국가를 다스릴 수 있다.
　국가를 잘 다스리게 된 뒤에는 세계 평화는 자연히 이룩되는 것이다.

◉ 집주에서 말했다.

"격물格物은 사물의 이치의 지극한 곳에 도달하지 않는 것이 없는
것이다. 지지知至는 나의 마음이 아는 바를 다하지 않는 것이 없는
것이다. 아는 것을 이미 다하면 뜻을 가히 얻어서 진실해진다. 뜻을

이미 얻어 진실해지면 마음에 가히 얻어서 바르게 된다. 수신修身
이상은 명명덕의 일이다. 제가齊家 이하는 신민의 일이다. 격물하고
지지知至하면 머무르는 바를 알게 된다. 의성意誠 이하는 모두 머무는
곳의 차례를 얻은 것이다."

🐚 物格者 物理之極處 無不到也 知至者 吾心之所知 無不盡也 知旣盡
則意可得而實矣 意旣實 則心可得而正矣 脩身以上 明明德之事也 齊家
以下 新民之事也 物格知至 則知所止矣 意誠以下 則皆得所止之序也

　도道를 닦는 순서를 나열한 것이며 이것은 자연적으로 곧, 순차적으
로 이루어지는 상태를 말한 것이다. 앞 절은 수도修道의 방법을 거꾸로
말하면서 힘써 노력해야 되는 것을 말하였다. 이 절에서는 앞의 순서를
다시 반복하며 8조목의 근본을 순차적으로 설명하였다.
　몸소 현장에서 체험하여 얻은 산지식을 가지고 자신의 뜻을 성실하
게 하고, 뜻을 성실하게 해 마음을 정하고, 마음을 정한 후에 몸을
닦고, 몸을 닦은 후에 집안을 가지런히 하고, 집안을 가지런히 한
후에 나라를 다스리고, 나라를 잘 다스린 후에는 천하를 평정할 수
있다는 평범하면서도 깊고 오묘한 진리가 이 문장 속에 들어 있다.
　간단한 것 같으면서도 심오하고 심오한 것 같으면서 간단명료한
대학인의 요도要道를 온오함축蘊奧涵蓄 시켰다고 할 수 있겠다.

6. 대학의 사명은 수신이 근본

천자로부터 서인에 이르기까지 모두가 다 몸을 닦는 것으로 근본을 삼는 것이다.

自天子[1]至於庶人[2]이 壹是[3]皆以脩身爲本이니라

※

1 天子(천자) : 황제皇帝를 지칭한다. 임금.
2 庶人(서인) : 일반 백성.
3 壹是(일시) : 일체一切. 한결같이. 모두.

   대학의 기본 요체는 대통령, 수상首相, 장관, 국회의원, 고급공무원이 되고자 하는 사람이나 또는 일반 공직자나 기업체의 사장, 사원, 그 밖의 모든 국민에게 있어서도 하나같이 자신의 몸을 닦는 것을 최상最上의 근본으로 여기는 것이다.

◉ 집주에서 말했다.

"일시壹是는 일체一切이다. 정심正心 이상은 모두 몸을 닦는 바이다. 제가齊家 이하는 곧, 이것을 들어서 놓은 것일 뿐이다."

☞ 壹是 一切也 正心以上 皆所以脩身也 齊家以下 則舉此而措之耳

   이 사회의 모든 지도자(指導者 : 공직자, 정치인), 기업인, 또는 일반 국민에 이르기까지 자신을 수양하는 일을 제일로 삼아야 한다는 것으로 결론을 내리고 있다.

　몸을 닦는 일을 근본으로 삼는 가장 큰 원인은 부정부패가 야기되어 이 사회에 물의를 빚는 일이 비일비재하기 때문이다. 이 모든 것은 몸을 닦지 못한 데에서 비롯되는 것들이다.

　『대학』의 근본 요체要諦는, 3강령 8조목의 모든 것이 수신으로부터 시작된다는 것을 다시 강조한 것이다.

7. 근본이 문란하고 끝을 잘 다스린 자는 없다

그 근본이 어지러운데 말末이 다스려지는 것은 없고, 그 두텁게 해야 할 곳에 박정하게 하고 박정하게 해야 할 곳에 두텁게 하는 자는 있지 아니하니라.

其本[1]이 亂而末治[2]者 否矣며 其所厚[3]者에 薄이오 而其所薄[4]者에 厚하리 未之有也니라

※

1 本(본): 자신의 몸을 말한다. 행동의 근간.
2 末治(말치): 나라를 다스리고〔治國〕 천하를 태평하게 하는〔平天下〕 것을 가리킨다.
3 所厚(소후): 후하게 대해야 하는 곳. 곧 자기 가정의 부모형제, 친척을 말한다.
4 所薄(소박): 박하게 대하는 곳. 타인을 말한다.

자신의 행동이 문란하면 나라를 다스릴 수 없다.

자신의 몸을 잘 닦은 사람이어야 타인도 잘 다스릴 수 있는 것이다.

자신의 가족이나 친척에게는 후덕하게 대하는 것이 인지상정人之常情인데도 그 후덕하게 대해야 하는 사람에게는 박정하게 대하고 박정하게 대해야 하는 타인에게 후덕하게 대하는 사람은 이 세상에 있지 않을 것이다.

◉ 집주에서 말했다.

"본本은 신身을 이른다. 소후所厚는 가가家家를 이른다. 이곳의 두 구절은 상문上文의 두 구절의 뜻을 맺은 것이다(총 2백5자이다).

이상의 '대학지도大學之道 재명명덕在明明德'에서 '후厚 미지유야未之有也'까지는 경經의 1장이며 대개 공자의 말을 증자가 기술한 것이다. 그 일(傳)은 10장인데 증자의 뜻을 문인門人이 기록한 것이다. 구본舊本에는 자못 간착簡錯이 있었는데, 지금 정자程子가 안정시킨 바에 따라 다시 경문을 고증하고 분별해 차서를 만들어 아래와 같이 했다(총 1천5백46자이다). 무릇 전문傳文은 경전이 이끌려 섞이어 통기通紀가 없는 듯했다. 그러나 문리文理가 접속되고 혈맥이 관통되어 깊고 얕고 시작하고 끝마침이 지극히 정밀한 것이 되어 익숙하도록 읽고 자상하게 맛 들인다면 오래도록 마땅히 보일 것이니 지금 다 해석하지 않는다."

☙ 本 謂身也 所厚 謂家也 此兩節 結上文兩節之意
右 經一章 蓋孔子之言 而曾子述之 其傳十章 則曾子之意 而門人記之也
舊本 頗有錯簡 今因程子所定 而更考經文 別爲序次如左

凡傳文 雜引經傳 若無統紀 然 文理接續 血脉貫通 深淺始終 至爲精密
熟讀詳味 久當見之 今不盡釋也

　인간의 정상적인 정신 상태에서는 이와 같이 상반相反되는 일은
없을 것이다. 자신의 가정을 등한시 하고 타인의 가정을 잘 돌보며
자신의 몸을 돌보지 않고 남의 건강을 돌보아주며 자신의 나라는
걱정하지 않고 외국의 정치를 걱정하는 이러한 인간은 인간사회에
있지 않다는 것을 지적하였다. 주희朱熹는 구본들이 파손되고 착오되
어 앞뒤가 서로 바뀌어 있는 것이 많았다고 하였다. 이 잘못된 부분을
정자(程子) 형제(程顥·程頤)가 바로잡아서 이 책의 근본 뜻이 서로
통하도록 해석하였다.
　주희는 이정(二程: 程顥·程頤)의 해석을 따라 문장을 연결하여 이와
같이 정하였다.

※ 상기上記의 전체가 대학경문大學經文의 1장이며 공자의 말을 그의 제자인
　증자가 기록한 것이다. 이것은 앞뒤가 서로 섞여 두서가 없는 것을 정자程
　子 형제가 정리하여 체계를 세운 것이다. 또 주자도 정자의 뜻을 따라
　정리하였다. 이하의 전문 10장은 증자의 뜻을 증자의 제자들이 기록한
　것이라 전한다.

제 2 편

대학인이 가는 길
—大學傳文 十章—

사람이란 좋아하는 것이 있으면
그 좋아하는 것에 빠져서 헤어나지 못하게 되고
그 좋아하는 것은 무조건 선한 것이고
싫어하는 것은 무조건 악惡한 것으로 보게 되어
자신의 바름을 얻지 못한다.
자신의 마음을 자신이 가지고 있지 않으면
모든 사물을 보아도
사물의 바른 모습을 제대로 볼 수 없다.
무슨 소리를 들어도
그것이 무슨 소리인지 제대로 듣지 못할 뿐 아니라
맛있는 음식을 먹어도
그 맛의 참맛을 알지 못하는 것이다.

1. 밝은 덕을 밝히는 법〔傳之首章 釋明明德〕

가. 명덕明德은 스스로 밝히는 것이다

강고康誥에 가로되 능히 덕을 밝히다라고 하며, 태갑太甲에 가로되
이 하늘의 밝은 명命을 돌아보다라고 하였으며, 제전帝典에 가로되
훌륭한 큰 덕을 밝히다라고 하였다. 이는 모두 스스로 밝힌 것이다.

康誥[1]에 曰 克[2]明德이라하며

太甲[3]에 曰 顧[4]諟天之明命이라하며

帝典[5]에 曰 克明峻[6]德이라하니

皆自明[7]也니라

※

1 康誥(강고): 『서경書經』 강고편康誥篇에 들어 있는 말.

2 克(극): 능能하다. 훌륭하다.

3 太甲(태갑): 『서경』 태갑편太甲篇에 나오는 말의 일부.

4 顧(고): 항상 눈이 있어 본다. 돌아본다는 말.

5 帝典(제전): 『서경』 요전堯典 우서虞書에 있는 말.

6 峻(준): 크다. 훌륭하다.

7 自明(자명): 자신의 힘으로 이룩하다.

『서경書經』의 강고편康誥篇에 말하였다.

44

"훌륭히 덕德을 밝혔다."

태갑편太甲篇에 말하였다.

"이 하늘의 밝은 명령을 되돌아보라."

제전편帝典篇에 말하였다.

"극히 훌륭한 큰 덕을 밝혔다."

이 모든 것은 다 제왕帝王 자신이 훌륭한 덕을 스스로 밝힌 것들이다.

◉ 집주에서 말했다.

"강고康誥는 『주서周書』이다. 극克은 능能이다. 태갑太甲은 『상서商書』
이다. 고顧는 항상 눈에 있다는 것을 이른다. 시諟는 차此와 같다.
어떤 이는 심審이라고 했다. 하늘의 명명明命은 곧 하늘이 나에게
준 것이고 내가 덕으로 삼은 바이다. 항상 눈에 있게 되면 때마다
밝지 않는 것이 없는 것이다. 제전帝典은 요전堯典의 우서虞書이다.
준峻은 대大이다. 『서경』에서 인용한 바를 맺어서 모두 스스로 자신의
덕을 밝힌 뜻을 말한 것이다.

  이상은 전傳의 수장首章이니 명명덕을 해석한다. 이것은 아래의
제3장인 '지지어신至止於信'까지는 구본에는 잘못되어 '몰세불망沒世不
忘'의 아래에 있었다."

🌿 康誥 周書 克 能也
太甲 商書 顧 謂常目在之也 諟 猶此也 或曰審也 天之明命 卽天之所以與
我 而我之所以爲德者也 常目在之則無時不明矣
帝典 堯典 虞書 峻 大也

結所引書 皆言自明己德之意
右 傳之首章 釋明明德
此 通下三章 至止於信 舊本 誤在沒世不忘之下

성군聖君들의 치적을 기록한 『서경』의 편들을 인용하여 명덕의 실체實體를 부연하고 있다. 스스로 자신의 덕을 밝히고, 하늘이 부여해 준 덕을 밝히고 또 광채를 발휘하는 덕을 논한 것은 모두가 자기완성의 길을 제시한 것이다. 이것은 모두가 타인에게 있지 않고 자신이 스스로 터득하는 것으로 하늘이 부여해 준 것을 자신이 다시 찾는 것을 의미하고 있다. 인간이 태어날 때의 마음은 밝은 거울과 같다. 밝은 거울과 같은 인간의 마음이 성장하면서 세파世波의 먼지에 가려져 제구실을 하지 못하게 되는 데 이른다. 이로 인하여 거울과 같은 본연本然의 의무를 상실喪失하게 되는 것이다. 이것은 자신을 수양하여 다시 먼지를 제거하고 잘 닦아내야만 거울 본래의 사명인 거짓 없이 있는 그대로를 비추어주는 임무를 다할 수 있는 것이다. 인간도 이와 같이 하늘이 부여해 준 인의예지仁義禮智, 본연의 성性을 되찾아 그것을 갈고 닦아 확충시켜야만 타인을 계도啓導하는 데 이른다는 명덕의 실체를 논하고 있다.

2. 백성을 개혁하는 길 [傳之二章 釋新民]

가. 백성을 진작시켜라

탕의 반명盤銘에 가로되 진실로 날로 새로우려면 날마다 새롭게 하고

또 날로 새롭게 하라 하고 강고에 가로되 새롭게 백성을 진작하라
하였으며 시詩에 가로되 주周나라가 비록 옛 나라이나 그 명命이 새롭다
하였으니 이런고로 군자는 그 극極을 쓰지 않는 바가 없느니라.

湯¹之盤銘²에 曰 苟日新이어든 日日新하고 又日新이라하며

康誥에 曰 作新民이라하며

詩³曰 周⁴雖舊邦이나 其命維新이라하니

是故로 君子는 無所不用其極⁵이니라

※

1 湯(탕): 은殷나라를 건국한 성군聖君.
2 盤銘(반명): 목욕 그릇에 새겨놓은 글. 곧 좌우명과 같은 것이다. 옛날
   중국에서는 자주 목욕을 하였으므로 스스로 경계하는 글을 목욕하는 그릇에
   새겨놓고 목욕할 때마다 반복하여 좌우명처럼 자신의 마음에 새겼다.
3 詩(시): 『시경』 대아大雅 문왕편文王篇에 있는 것.
4 周(주): 문왕文王과 무왕武王이 재창건한 나라 이름.
5 其極(기극): 인간 도리의 극단점인 지극히 선한 경지.

   탕왕湯王의 목욕할 때 쓰는 그릇에 새긴 글에서 말하였다.
   "진실로 날로 새로워지려거든 날마다 새롭게 하고 또 날로 새롭게
하여라."
   강고편康誥篇에 말하였다.
   "백성을 새롭게 진작振作시켜라."
   『시경』의 대아大雅 문왕편文王篇에 말하였다.
   "주周나라는 비록 예부터 있었던 나라이지만 문왕·무왕武王의 시대

에 와서 다시 천자天子의 위位에 올라 하늘의 명을 새롭게 하였다."

이런 까닭으로 날로 새롭게 하고 백성을 진작시키고 그 명을 새롭게 하는 것은, 명덕을 밝힌 군자는 그 최극단最極端의 처방을 쓰지 않음이 없다는 것이다[이것은 백성이 삶의 안락처安樂處에 이를 수 있도록 모든 힘을 경주한다는 말이기도 하다].

◉ 집주에서 말했다.

"반盤은 목욕하는 대야이고 명銘은 그 그릇의 명칭이며, 스스로를 경계하는 말이다. 구苟는 성誠이다. 탕왕은 사람이 그의 마음을 세탁하는 것으로써 악을 제거하는 것을 그 자신을 목욕하여 때를 제거하는 것과 같이 한 것이다. 그러므로 그의 반(盤: 대야)에 말을 새긴 것이다. 진실로 능히 하룻날에 그의 지난날의 더럽게 오염된 것을 씻어서 스스로 새로워진 것이 있게 되면 마땅히 그 이미 새로워진 것을 따라 나날이 새롭게 하고 또 날로 새롭게 해서 대략적으로라도 간단間斷하는 것이 있지 않다는 것을 말한 것이다.

북을 치면서 춤을 추며 가는 것을 작作이라고 이른다. 그 스스로 새로운 백성으로 떨쳐 일어나는 것을 말하는 것이다.

시詩는 『시경』 대아 문왕편文王篇의 시구이다. 주나라가 비록 옛 나라이지만 문왕에 이르러 능히 그 덕을 새롭게 하고 백성에 이르게 해서 처음으로 천명天命을 받은 것을 말한 것이다.

자신自新과 신민新民은 모두 지선至善에 머무르고자 하는 것이다.

이상은 전傳 2장이고 신민新民을 해석한 것이다."

🕭 盤 沐浴之盤也 銘 名其器 以自警之辭也 苟 誠也 湯 以人之洗濯其心
以去惡 如沐浴其身 以去垢 故銘其盤 言 誠能一日 有以滌其舊染之汚
而自新 則當因其已新者 而日日新之 又日新之不可略有間斷也
鼓之舞之之謂作 言振起其自新之民也
詩 大雅文王之篇 言 周國 雖舊 至於文王 能新其德以及於民 而始受天
命也
自新 新民 皆欲止於至善也
右 傳之二章 釋新民

　　이 문장은 증자의 전문傳文 2장으로 되어 있으며 3강령의 신민新民을
해석한 것이다. 모든 백성은 항상 새로운 풍습으로 진작시켜 흥興이
있어야 열심히 일할 수 있다. 곧 희망이 있어야 한다는 것이다. 이것이
풍風이요, 희망이다. 바람은 사물을 요동치게 하는 것으로 장구치고
춤추고 하는 국민의 흥겨운 신바람이 있어야 쉽게 따라올 수 있다.
흥이 없는 선도善導란 무기력이 있을 뿐이다. 국민을 이끄는 데에는
이러한 새로운 바람이 있어야만 한다. 그렇지 않고서는 국민을 이끌
수 없다. 성군인 탕왕湯王과 『서경』의 강고편과 『시경』의 대아 문왕편
을 인용하여 신민新民의 실상을 열거하였다.

3. 지극한 선善에 이르는 것〔傳之三章 釋止於至善〕

가. 각자의 위치를 얻는 것이다

시에 이르기를 나라의 기내 천리여, 오직 백성의 그치는 곳이라 하니라.

시에 이르기를 면만緜蠻한 황조黃鳥여 구우丘隅에 그치도다 하거늘
공자 가로되 그칠 곳에 그 그치는 바를 아니 가히 써 사람이 새만
같지 못하랴! 시에 이르기를 목목穆穆하신 문왕이여, 오於라 즙緝하여
희熙하여 공경하는데 그치시다 하니 인군人君이 되어서는 인仁에 그치
시고 인신人臣이 되어서는 공경에 그치시고 인자人子가 되어서는 효도
에 그치시고 인부人父가 되어서는 사랑에 그치시고 나라 사람들과
사귈 때에는 믿음에 그치시었다.

詩[1]云 邦畿[2]千里여 惟民所止[3]라하니라
詩[4]云 緜蠻黃鳥여 止于丘隅[5]라하여늘 子曰 於止에 知其所止로소니 可以
人而不如鳥乎아
詩[6]云 穆穆[7]文王이여 於[8]緝[9]熙敬止라하니 爲人君엔 止於仁하시고 爲人臣
엔 止於敬하시고 爲人子엔 止於孝하시고 爲人父엔 止於慈하시고 與國人
交엔 止於信이러시다

※

1 詩(시): 『시경』 상송商頌 현조편玄鳥篇에 있는 말.
2 邦畿(방기): 황제皇帝의 나라인 수도 전체를 가리킨다. 중국의 옛 제도에는
    천자가 거처하는 수도首都는 사방 1천리를 기준으로 하였다.
3 止(지): 거처하다. 살다.
4 詩(시): 『시경』 소아小雅 면만편緜蠻篇에 있다.
5 丘隅(구우): 울창한 숲속의 언덕.
6 詩(시): 『시경』 문왕편文王篇에 있다.
7 穆穆(목목): 깊고 먼 것. 심원하다.
8 於(오): 아름다움에 감탄하는 것. 오라! 발음을 '오'로 한다.

50

9 緝(즙): 계속 빛나다. 길이 빛나다.

『시경』에 말하였다.

"임금이 다스리는 사방 천리의 땅은 오로지 이 백성이 편안하게 살 곳이네."

또『시경』에 말하기를

"어여쁜 꾀꼬리여! 저 언덕 한 모퉁이의 우거진 숲에 머물렀구나." 하였거늘 공자孔子가 말하였다.

"새들도 그 머무를 곳에 머물러 그 진실한 보금자리를 찾아 삶을 즐기고 있는데 어찌 인간으로서 새만 같지 못할 것인가."

『시경』에 말하였다.

"덕이 높으신 문왕이시여! 오라. 끊임없이 덕을 밝히시어 공경하는데 머물렀도다."

백성의 지도자가 되어서는 광대무변廣大無邊한 인仁에 머물렀으며, 지도자의 밑에 있을 때는 온갖 공경을 다하였다.

또 아들이 되었을 때는 지극한 효도를 다하였으며, 아들의 아버지가 되었을 때는 사랑으로써 그 아들을 감쌌고, 나라의 백성이나 국가와 국가의 외교外交에는 신의信義를 바탕으로 하였다.

◉ 집주에서 말했다.

"시詩는『시경』상송商頌 현조편玄鳥篇의 시구이다. 방기邦畿는 왕자王者의 도읍이다. 지止는 거居이다. 물物에는 각각 당연히 머물러야 할 곳이 있다는 것을 말한 것이다.

시는 『시경』 소아小雅 면만편緜蠻篇의 시구이다. 면만緜蠻은 조성(鳥聲: 새소리)이다. 구우丘隅는 잠울(岑蔚: 험하고 숲이 빽빽한 곳)한 곳이다. '자왈子曰' 이하는 공자가 시를 설명한 말이다. 사람은 마땅히 머물러야 할 곳을 당연히 알아야 한다는 것을 말한 것이다.

시는 『시경』 대아 문왕편의 시구이다. 목목穆穆은 심원深遠의 뜻이다. 오於는 탄미사歎美辭이다. 즙緝은 계속이다. 희熙는 광명光明이다. 경지敬止는 그 공경하지 아니하는 것이 없고 머무는 곳에 편안한 것을 말한 것이다. 이 시를 인용하여 성인의 머무는 곳은 지선至善이 아닌 것이 없는 것을 말한 것이다. 인仁·경敬·효孝·자慈·신信의 다섯 가지는 그 조목이 큰 것이다. 학자는 이곳에서 그 정미精微한 것의 쌓이는 것을 궁구하고 또 종류를 미루어 그 나머지를 다한다면 곧 천하의 일에는 그 머무는 바를 앎이 있어 의심하는 것이 없을 것이다."

🌿 詩 商頌玄鳥之篇 邦畿 王者之都也 止 居也 言物各有所當止之處也 詩 小雅緜蠻之篇 緜蠻 鳥聲 丘隅 岑蔚之處 子曰以下 孔子說詩之辭 言人當知所當止之處也

詩 文王之篇 穆穆 深遠之意 於 歎美辭 緝 繼續也 熙 光明也 敬止 言其無不敬而安所止也 引此而言 聖人之止 無非至善 五者乃其目之大者也 學者於此 究其精微之蘊 而又推類以盡其餘 則於天下之事 皆有以知其所止而無疑矣

이 장은 인간 삶의 낙원樂園이라 할 수 있는 '지어지선止於至善'의 경지를 풀이한 것이다. 『시경』을 인용하여 백성의 편안한 삶을 노래한 것으로 새들도 낙원을 얻어 편안한 삶을 영위할 줄을 아는데 하물며 인간으로서 새만도 못할까보냐의 역설적逆說的인 공자의 말은 지선의 경지를 적절히 잘 보여주고 있다. 다시 『시경』을 인용하여 성군聖君인 문왕을 찬양하여 지어지선止於至善을 해석하였다.

나. 오매불망 잊지 못하는 지도자는

시에 이르기를 저 기淇 굽이진 곳을 보니 무성한 대나무 의의猗猗하도다. 문채 나는 군자여! 끊는 듯 다듬는 듯하고, 쪼는 듯 가는 듯하다. 엄숙하고 굳세며 밝고 의젓하다. 문채 나는 군자여! 마침내 가히 잊지 못하리로다. 절切하듯 하고 차磋하듯 하는 것은 배움이요, 탁琢하듯 하고 마磨하듯 하는 것은 스스로 닦는 것이요, 슬瑟하며 한僩하는 것은 순율함이요, 혁赫하고 훤喧한 것은 위의다. 문채 나는 군자를 마침내 잊지 못하는 것은 융성한 덕과 지극한 선을 백성이 능히 잊지 못하는 것을 이른다. 시에 이르기를 오호라, 전왕前王을 잊지 못한다 하니 군자는 그 어진 이를 어질게 여기고 친한 이를 친하게 여기며, 소인은 즐거운 것을 즐겁게 여기고 그 이롭게 하는 것은 이롭게 여기나 니 이로써 세상이 몰沒하여도 잊지 못하는 것이다.

詩[1]云 瞻彼淇澳[2]한대 菉竹猗猗[3]로다 有斐君子[4]여 如切如磋하며 如琢如磨[5]라 瑟兮僩兮[6]며 赫兮喧兮[7]이니 有斐君子여 終不可諠[8]兮라하니 如切如磋者는 道學[9]也오 如琢如磨者는 自修[10]也오 瑟兮僩兮者는 恂慄[11]也오 赫兮喧兮者는 威儀也오 有斐君子終不可諠兮者는 道盛德至善을 民之不能忘也니라

詩¹²云 於戲¹³라 前王¹⁴不忘이라하니 君子¹⁵는 賢其賢¹⁶而親其親하고 小
人¹⁷은 樂其樂而利其利하나니 此以沒世¹⁸不忘也니라

※

1 詩(시): 『시경』 위풍衛風 기욱편淇澳篇에 있다.

2 淇澳(기욱): 기수淇水가 굽이쳐 흐르는 모양.

3 猗猗(의의): 아름답고 무성한 모양.

4 有斐君子(유비군자): 문채가 빛나는 모양. 도덕과 문장을 갖춘 군자로,
   덕이 모든 언동이나 용모에 나타나 그윽하고 품위 있는 자를 말한다.

5 如切如磋如琢如磨(여절여차여탁여마): 절切은 칼과 톱으로 장신구를 만드
   는 것이고, 차磋는 줄이나 대패로 모양을 내는 것을 말한다. 이것은 다른
   사람에게 배울 때의 수련과정을 나타낸 말이다. 또 탁琢은 망치와 끌을
   사용하는 것이며, 마磨는 모래와 돌을 사용하여 아름다운 작품을 만드는
   것을 말하는 것으로, 스스로 반성하고 덕을 닦아 수양하는 모습을 말한
   것이다. 여기에서 절차탁마切磋琢磨라는 말이 유래한 것이다.

6 瑟兮僩兮(슬혜한혜): 슬瑟은 항상 엄하고 공경하는 마음으로 굳어 있는
   상태이고 한僩은 위무威武가 당당한 모습으로 용맹스러운 장군의 위풍威風을
   표현한 것이다. 혜兮는 어조사.

7 赫兮喧兮(혁혜훤혜): 혁赫은 밝게 빛나는 모양. 훤喧은 의젓하고 기품 있는
   모습으로 모든 것이 아주 당당하고 훌륭한 모습을 나타낸 것.

8 諠(훤): 잊어버리다. 망각하다.

9 道學(도학): 학문을 말한다. 학문의 강습講習을 토론하는 것을 말한다.

10 自修(자수): 스스로 깊이 몸을 닦아 선으로 향하는 것이며 또는 스스로
   덕을 닦는 것을 말한다.

11 恂慄(순율): 스스로 마음속으로 두려워하여 삼가는 것. 두려워하다.

12 詩(시): 『시경』 주송周頌 열문편烈文篇에 있다.

13 於戲(오호): 감탄의 말. 어於의 발음은 '오'로, 희戲의 발음은 '호'로 한다.
   오호라! 아아!

54

14 前王(전왕): 주周나라의 기틀을 다진 문왕文王과 그의 아들 무왕武王을 지칭한다.

15 君子(군자): 여기서는 후세의 어진 이와 왕자를 가리킨다.

16 賢其賢(현기현): 그 어진 사람을 어진 사람으로 융숭하게 대접하고 공경하는 것. 곧 인재를 등용하고 적재적소에 활용하여 그의 재주를 펼 수 있게 하는 것.

17 小人(소인): 후세의 백성을 가리킨다.

18 沒世(몰세): 이 세상이 망할 날까지. 영원히.

『시경』에 말하였다.

"저 기수淇水의 굽이진 곳을 바라보니

푸르른 대나무 아름답게 우거졌네.

문채가 빛나는 군자여!

자르는 듯 다듬는 듯하며

쪼아내 듯 가는 듯하도다.

엄밀하고 꿋꿋하며

뚜렷이 빛나고 성대盛大하니

문채가 빛나는 군자여!

마침내 잊을 길이 없구나."

'자르는 듯 다듬는 듯하다.'고 하는 것은 학문學文을 말하는 것이요, '쪼아내 듯 가는 듯하다.'고 하는 것은 스스로 닦는 것을 말함이요, '엄밀하고 꿋꿋하다.'고 하는 것은 마음속으로 두려워 삼가는 것이요, '뚜렷이 빛나고 성대하다.'는 것은 밖으로 나타나는 위의威儀요, '문채가 빛나는 군자君子를 마침내 잊을 길이 없구나.'라고 한 것은 덕德이

성대하고 지극한 선善에 이른 것으로 백성이 오매불망寤寐不忘 잊을
수 없음을 말하는 것이다.

『시경』에 말하였다.

"오호라, 앞에 가신 임금을 잊을 길이 없구나."

군자는 어진 이를 어질다고 여기며 존경하고 그의 친애親愛하는
바를 친애하며, 소인(小人: 백성)은 그의 즐거운 것을 즐기고 그의
이로운 것을 이롭게 누린다.

이런 까닭으로 성군이 이 세상을 떠난 뒤에도 잊지 못하는 것이다.

◉ 집주에서 말했다.

"시詩는 『시경』 위풍衛風 기욱편淇澳篇의 시구이다. 기淇는 물 이름이
다. 욱澳은 외(隈: 굽어진 곳)이다. 의의猗猗는 아름답고 성대한 모양이
다. 흥체興體의 시이다. 비斐는 문모文貌이다. 절切은 칼이나 톱을 사용
하는 것이다. 탁琢은 망치와 끌을 사용하는 것이다. 모두 물物을 제단해
서 형질形質을 성취하는 것이다. 차嗟는 줄이나 대패를 사용하는 것이
다. 마磨는 모래나 돌을 사용하는 것이다. 모두 물物을 다스려 매끄럽고
윤택하게 하는 것이다. 뼈나 뿔을 다스리는 자는 이미 자르고 다시
줄을 사용한다. 옥이나 돌을 다스리는 자는 이미 쪼아내고 다시 갈아낸
다. 모두 그의 다스림에는 실마리가 있어 더욱 그 정미함에 이르는
것을 말한 것이다. 슬瑟은 엄밀嚴密한 모양이다. 한僩은 무의武毅의
모습이다. 혁赫과 훤喧은 성대한 것을 베풀어 나타내는 모양이다.
훤諠은 망忘이다. 도道는 언言이다. 학學은 강습하고 토론하는 일을

이르는 것이다. 자수自脩는 능히 다스리는 공로를 성찰省察하는 것이다. 순율恂慄은 전구(戰懼: 두려워 떨다)이다. 위威는 가히 두려워하다. 의儀는 가히 본받다. 기욱의 시를 인용하고 해석해서 '명명덕明明德~지어지선止於至善'을 발명한 것이다. '도학道學 자수自脩'는 얻어서 말미암아 가는 바를 말한 것이다. '순율恂慄 위의威儀'는 그 덕의 겉과 속의 성대한 것을 용납하고 마침내 그 진실을 가리켜서 탄미한 것을 말한 것이다.

시는 『시경』 주송周頌 열문편烈文篇의 시이다. 오희於戱는 탄사歎辭이다. 전왕前王은 문무(文武: 문왕·무왕)를 이른다. 군자는 그 후현後賢과 후왕後王을 이른다. 소인은 후민後民을 이른다. 이것은 전왕前王이 백성을 새롭게 한 바는 지선至善에 머물러 능히 천하 후세로 하여금 하나의 사물이라도 그곳을 얻지 못하는 것이 없어 이미 세상에서 죽었어도 사람들이 사모하는 것은 더욱 오래하고 잊지 않는다는 것을 말한 것이다. 이상의 두 구절을 넘쳐나도록 길게 빼서 읊조린다면 의미가 깊고 긴 것이니 익숙하게 익히는 것이 마땅한 것이다.

이상은 전傳의 3장이고 지어지선止於至善을 해석하였다. 이 3장은 스스로 기욱편의 시 이하를 인용해서 안으로 넣었으며 구본舊本에는 잘못되어 '성의장誠意章' 아래에 있었다."

✍ 詩 衛風淇澳之篇 淇 水名 澳 隈也 猗猗 美盛貌 興也 斐 文貌 切以刀鋸 琢以椎鑿 皆裁物使成形質也 磋以鑢錫 磨以沙石 皆治物使其滑澤也 治骨角者 旣切而復磋之 治玉石者 旣琢而復磨之 皆言其治之有緒而益致其精也 瑟 嚴密之貌 僴 武毅之貌 赫喧 宣著盛大之貌 諠 忘也

道 言也 學 謂講習討論之事 自脩者 省察克治之功 恂慄 戰懼也 威 可畏也
儀 可象也 引詩而釋之 以明明明德者之止於至善 道學 自脩 言其所以得
之之由 恂慄 威儀 言其德容表裏之盛 卒乃指其實 而歎美之也
詩 周頌烈文篇 於戲 歎辭 前王 謂文武也 君子 謂其後賢後王 小人 謂後民
也 此言前王所以新民者 止於至善 能使天下後世 無一物不得其所 所以
旣沒世而人思慕之 愈久而不忘也 此兩節 詠歎淫泆 其味深長 當熟玩之
右 傳之三章 釋止於至善
此章內 自引淇澳詩以下 舊本 誤在誠意章下

　『시경』위풍衛風의 기욱편淇澳篇을 인용하여 지어지선止於至善의
결과를 잘 설명해 주고 있다.
　자신의 덕을 밝힌 군주는 덕으로 모든 백성의 삶을 편안하게 해줌으
로써 그 백성은 군주의 덕에 훈도薰陶되어 군주가 이 세상을 떠나도
오래도록 잊지 못하는 것이다. 이것은 덕치德治의 결과에서 오는 것이
다. 백성을 고달프게 하는 그런 군주라면 저 군주는 빨리 죽었으면
하는 것이 백성의 마음이요, 백성을 덕으로 다스려 모든 백성이 덕에
훈도되었을 때에는 오래오래 살면서 잘 해주기를 기원하는 것이 백성
이다. 그러므로 영세불망永世不忘이라고 하였다. 이것은 '호랑이는
죽으면 가죽을 남기고 사람은 죽으면 이름을 남긴다.'는 우리의 속담과
도 그 의미가 일맥상통一脈相通하는 면이 있다.

58

4. 근본과 마침, 시작과 끝〔傳之四章 釋本末〕

가. 재판裁判이 없게 하는 세상이란

공자 가로되 송사訟事를 듣는 것은 내 남과 같으나 반드시 하여금
송사를 없게 할 것이다 하시니 진실이 없는 자 그 말을 다함을 얻지
못하는 것은 크게 백성의 뜻을 두려워함이다. 이것이 이른바 근본을
아는 것이니라.

子曰[1] 聽訟이 吾猶人[2]也나 必也使無訟乎인저하시니 無情者[3] 不得盡其
辭는 大畏民志니 此謂知本[4]이니라

※

1 子曰(자왈): 공자 가로되. 『논어論語』 안연편顔淵篇 12장에 있는 말.
2 猶人(유인): 남과 다르지 않다. 남과 똑같다는 말.
3 無情者(무정자): 진실이 없는 사람. 정情은 진실하다는 뜻.
4 知本(지본): 근본을 안다. 소송사건訴訟事件이 없도록 하는 것은 근본根本이
   요, 소송사건이 일어나 그것을 처리하는 것은 말단末端적인 일이다.

　공자가 말하였다.
　"재판을 진행하는 것은 나 또한 다른 사람과 다를 수가 없다. 그러나
나는 반드시 재판을 하는 근원을 뿌리 뽑아 재판하는 일이 없도록
할 것이다."
　이 세상에서 진실이 없는 사람은 자신의 감정에 치우쳐 타인의
허심탄회한 진실을 받아들일 수 없다.

그러므로 백성의 진실을 외면하고 두려워하는 일이 야기惹起되는 것이다. 자신이 명덕을 밝힌다면 백성이 자연히 존경하고 복종하게 되어 거짓말하는 사례가 없어질 것이다.

이것이 소송사건을 없애는 일이며 근본을 안다고 할 수 있는 일이다.

◉ 집주에서 말했다.

"유인猶人은 남과 다르지 않은 것이다. 정情은 실實이다. 부자夫子의 말을 인용해서 성인이 능히 진실이 없는 사람으로 하여금 감히 그 허탄한 말을 다하지 못하게 하는 것은 대개 나의 명덕明德이 이미 밝아서 자연적으로 백성을 두려워하게 해 복종시키는 마음이 있게 된다. 그러므로 송사를 듣는 것을 기다리지 않아도 스스로 없어진다는 것을 말한 것이다. 이 말에서 가히 본말本末의 선후先後를 관찰하는 것이다.

이상은 전傳의 4장이며 본말本末을 해석하였다. 이 4장은 구본에는 잘못되어 '지어신止於信'의 아래에 있었다."

🐝 猶人 不異於人也 情 實也 引夫子之言而言聖人 能使無實之人 不敢盡 其虛誕之辭 蓋我之明德旣明 自然有以畏服民之心志 故 訟不待聽而自 無也 觀於此言 可以本末之先後矣
右 傳之四章 釋本末
此章 舊本 誤在止於信下

이 문장은 송사(재판)에서 시비를 가리는 데 있어서는 성인聖人이나

일반 재판관이나 다를 바가 없지만 성인은 다만 송사訟事의 근원인
시비의 발원처發源處를 잘 알아 송사 자체를 없게 한다는 것이다.
이것이 성인과 중인衆人의 다른 점이다. 일반적으로 송사는 항상 있는
것이며 그것은 시비是非를 가려 판결을 내려야 하는 보편성을 띤 것과
다를 바 없다.

송사의 모든 근원은 지도자의 처신이나 정치의 잘못에서 기인起因하
는 것이다. 지도자가 인정仁政을 베풀어 밝은 정치를 실현하면 일반
대중들은 그 머무는 곳을 얻어 머물게 되고 또 그곳에서 생업生業을
낙樂으로 삼고 살아갈 수 있다. 자신의 생업에 만족하고 주위가 편안하
면 송사(재판)가 있지 않게 된다. 아니 송사가 있지 않을 뿐만 아니라
백성이 송사를 해야 할 아무런 이유나 사건이 없는 사회를 건설함으로
써 송사할 필요가 없다는 것을 강력하게 제기하고 있다.

이것은 정치의 근본과 말단, 먼저 할 것과 뒤에 할 것을 논한 것으로
그 근본을 이야기한 것이다.

5. 사물의 이치를 연구하고 앎에 이름[傳之五章 釋格物致知]

가. 사물에 이르러 아는 것에 이르는 것이다

이를 일러 근본을 안다 한다. 이것을 일러 앎에 이른다 한다.
(소위 지知를 치致함이 물物을 격格함에 있다 함은 나의 앎을 이루려면
물物에 임하여 그 이치를 궁구함에 있음을 이른다. 사람 마음의 영靈에
앎이 있지 않음이 없고 천하 만물에 이치가 있지 않음이 없건만 오직 이치에
다 궁구하지 못함이 있는 고로 그 앎을 다하지 못함이 있느니라. 이로써

대학大學을 처음 가르칠 때 반드시 배우는 자로 하여금 모든 천하 물에 임하게 하여 그 이미 아는 이치로 더욱 궁구하여 그 극에 다다름을 구하지 않음이 없게 하나니 힘을 씀이 오래되어 하루아침에 활연히 관통貫通하면 모든 물物의 겉과 속, 정精과 조粗에 이르지 않음이 없고 내 마음의 전체와 대용大用이 밝지 않음이 없으리니 이것이 물物을 격格함이며 이것이 앎에 이르는 것이니라.)

此謂知本
此謂知之至[1]也니라
〔所謂致知在格物者는 言欲致吾之知인댄 在卽物而窮其理也라 蓋人心之靈[2]가 莫不有[3]知오 而天下之物이 莫不有理언마는 惟於理[4]에 有未窮故로 其知 有不盡也니 是以로 大學始敎에 必使學者로 卽凡天下之物하여 莫不因其已知之理而益窮之하여 以求至乎其極하나니 至於用力之久而一旦[5]에 豁然[6]貫通焉則衆物之表裏精粗[7] 無不到[8]而吾心之全體大用[9]가 無不明矣리니 此謂格物이며 此謂知之至也니라〕

※

1 知之至(지지지): 앎이 이루어지다. 앎이 투철해지다.
2 靈(영): 허령虛靈한 상태. 아무 사심私心이 없이 마음이 비어 신령神靈한 상태. 마음의 영묘靈妙한 작용.
3 莫不有(막불유): 있지 않을 수 없다. 반드시 있다.
4 於理(어리): 이치에 있어서. 사물의 이치를 궁구함에 있어서.
5 一旦(일단): 하루아침에.
6 豁然(활연): 환하게 트인 모양. 환하게 깨달은 모양.
7 表裏精粗(표리정조): 밖과 안, 정밀함과 거칠음. 모든 사물의 이치를 말한다.

8 無不到(무불도): 이르지 않음이 없다. 모든 이치가 다 밝혀져서 모르는 것이 없다는 뜻.

9 全體大用(전체대용): 완전한 바탕과 위대한 작용. 체體는 본질本質로서 명덕을 밝히는 것.

이것을 근본根本을 안다고 이르는 것이다.

이것을 앎에 이르는 것이라 이른다.

◉ 집주에서 말했다.

"정자程子는 '차위지본此謂知本'은 연문衍文이라고 했다.

'차위지지지야此謂知之至也'는 이 구句의 위에 별도의 궐문(闕文: 빠진 글)이 있고, 이 문장은 특히 그의 결어結語일 뿐이다.

이상은 전傳의 5장이고, 대개 '격물치지'의 뜻을 해석한 것인데 지금은 없어졌다.

간간이 일찍이 정자의 뜻을 몰래 취해 보충해서 이른 것인데, 소위치지재격물所謂致知在格物이라는 것은 나의 지知를 이루고자 하는 것은 사물에 나아가 그의 이치를 궁구하는 데 있는 것을 말한 것이다. 대개 인심人心의 영靈은 지知하는 것이 있지 않는 것이 없고, 천하의 물物은 이치가 있지 않는 것이 없지만 오직 이치에는 궁구하지 못하는 것이 있다. 그러므로 다하지 못하는 것도 있다. 이로써 대학에서 처음 가르침에는 반드시 학자로 하여금 무릇 천하의 물物에 나아가게 해 그의 이미 아는 이치를 따라 더욱 궁구하지 아니함이 없어 그의 지극한 곳에 이르는 것을 구하나니 용력用力을 오래함에 이르면 하루아침에 활연豁然히 관통하여 모든 사물의 표리와 정조精粗에 도달하지 않는 것이 없고, 내 마음의 전체의 대용大用이 밝아지지 않는 것이 없게 된다. 이러한 것을 일러 격물格物이라고 하며, 이러한 것을 일러 지지지 知之至라고 하는 것이다."

🐚 程子曰 衍文也
此句之上 別有闕文 此特其結語耳
右 傳之五章 蓋釋格物致知之義而今亡矣
此章 舊本 通下章 誤在經文之下
間嘗竊取程子之意 以補之曰 所謂致知在格物者 言欲致吾之知 在卽物
而窮其理也 蓋人心之靈 莫不有知 而天下之物 莫不有理 惟於理 有未窮
故 其知有不盡也 是以 大學始敎 必使學者 卽凡天下之物 莫不因其已知
之理而益窮之 以求至乎其極 至於用力之久而一旦 豁然貫通焉則衆物之
表裏精粗 無不到而吾心之全體大用 無不明矣 此謂物格 此謂知之至也

〔이 문장은 치지致知에 관한 문장이었으나 망실(亡失: 없어졌다)되었 다. 이 망실된 문장에 주희(朱熹: 朱子)는 정자 형제(程子兄弟: 程顥·程 頤)가 부연한 '격물치지'의 뜻을 취하고 자신의 의사를 첨가하여 보충한 것이다.〕

〔아래는 주자朱子의 「격물치지格物致知」 보망장補亡章의 해석이다.〕

"간간이 일찍이 정자程子의 뜻을 몰래 취해서 보충하여 이르기를 '이른바 앎을 이루는 것이 사물을 궁구窮究하는 데 있다.'는 것은 나의 앎을 이루고자 한다면 사물에 직접 부딪쳐 그 이치를 궁구하는 데 있다고 말하는 것이다.

대개 사람의 마음은 허령虛靈하여 앎이 있지 않는 것이 없다〔앎이
있다〕.

천하의 만물은 다 이치가 있지 않는 것이 없다. 오직 그 이치를
다 궁구하여 연구하지 못하는 것이 있기 때문에 그 앎이 다 밝혀지지
못하고 있다.

이 때문에 대학에서 처음 가르치는데 반드시 배우는 학자들로 하여
금 천하의 모든 사물에 직접 부딪치게 해 이미 자신이 알고 있는
이치를 따르지 않는 것이 없고 더욱더 추구하여 그 지극한 것에 이르는
것을 구하는 것이며, 전심전력을 기울여 오랜 시간에 이르게 되면
하루아침에 활연(豁然: 시원하게 트임)히 확 뚫리는 경지에 이르게
된다. 이때는 모든 사물의 겉과 속과 정밀하고 조잡한 것들에 도달하지
않는 것이 없고, 내 마음의 전체의 대용大用이 밝지 아니한 것이 없게
될 것이다.

이것을 '사물의 이치를 궁구窮究'하는 것이며 이것을 '앎의 극치極致'
에 도달到達했다고 이르는 것이다."

※ '차위지본此謂知本'을 정자程子는 필요 없는 구절이라 하였다. 주자朱子도
  그 뜻을 따랐다.
  '차위지지지야此謂知之至也'의 구절句節이 『대학』고본古本에는 경문經文
  의 맨 끝 '미지유야未之有也' 다음에 있었다. 이것을 주자가 정자의 설說에
  따라 이곳으로 옮겼다.

6. 자신의 뜻을 진실하게 하다[傳之六章 釋誠意]

가. 자신을 속이지 않는 것이다

소위 그 뜻이 성실하다고 하는 것은 스스로 속임이 없는 것이니 악취惡臭를 싫어함같이 하며 호색好色을 좋아함같이 하는 것을 일러 스스로 겸謙한다 하니 고로 군자는 반드시 그 홀로를 삼가느니라. 소인은 한거閑居함에 불선을 하되 이르지 않는 바 없다가 군자를 본 후에 암연히 그 불선을 가리고 선을 나타내나 사람의 자기 보는 것이 그 폐나 간을 보듯이 하나니 곧 어떤 이익이 있으리오. 이를 일러 중中에 성실하면 밖으로 형상하나니 고로 군자는 반드시 그 홀로를 삼가느니라. 증자가 가로되 열 눈의 바라보는 바요, 열 손의 가리키는 바니 그 두려움이여! 부富는 집을 윤택하게 하고 덕은 몸을 윤택하게 한다. 마음이 넓으면 몸이 편안하니 고로 군자는 반드시 그 뜻을 성실하게 하느니라.

所謂誠其意者는 毋[1]自欺[2]也니 如惡惡臭[3]하며 如好好色[4]이 此之謂自謙[5]이니 故로 君子는 必愼其獨[6]也니라

小人이 閑居[7]에 爲不善하되 無所不至하다가 見君子而后에 厭然[8]揜其不善하고 而著其善하나니 人之視己 如見其肺肝이니 然則何益矣리오 此謂誠於中이면 形於外니 故로 君子는 必愼其獨也니라

曾子[9]曰 十目[10]所視며 十手[11]所指니 其嚴乎인저

富潤屋이오 德潤身이라 心廣體胖[12]하나니 故로 君子는 必誠其意니라

※

1 毋(무): 없다. 하지 말라의 뜻.

2 自欺(자기): 스스로 속이는 것. 자기가 자기 자신을 속이는 것. 제 꾀에 넘어가는 것.

3 惡惡臭(오악취): 앞의 악惡은 '오'로 발음하며 미워하다의 뜻. 고약한 냄새를 싫어하다.

4 好好色(호호색): 좋은 빛을 좋아하다. 아름다운 여인을 좋아하는 것처럼 한다는 것.

5 自謙(자겸): 스스로 유쾌하다. 만족하다.

6 愼其獨(신기독): 홀로 있을 때를 조심하다. 독獨은 홀로 있을 때, 고독한 때를 뜻한다.

7 閑居(한거): 한가하게 거처하다. 남이 보지 않는 곳에 홀로 있다.

8 厭然(암연): 염厭은 싫다는 뜻으로 여기서는 '암'으로 읽는다. 싫어하다.

9 曾子(증자): 『대학』의 저자인 증삼曾參. 자는 자여子輿이며 증자는 사후 추존하여 부르는 존칭이다. 공자보다 48세나 아래이며, 증점曾點의 아들로 부자父子가 다 공자의 제자였다. 증자는 효행孝行이 뛰어났으며 『효경孝經』을 짓기도 했다.

10 十目(십목): 열 개의 눈. 무수한 사람들의 이목을 뜻한다.

11 十手(십수): 열 개의 손가락. 무수한 사람들이 손가락으로 가리키고 있다는 것을 뜻한다.

12 胖(반): 편안하게 펴고 있는 상태.

　이른바 "자신의 뜻을 진실하게 한다."고 말하는 것은 자기 스스로를 속이지 않는 것이다. 이것은 마치 고약스런 냄새를 싫어하듯 하며 아름다운 여자나 빛 고운 색깔을 좋아하듯 하는 것이니 이것을 일러 스스로 만족하다고 하는 것이다. 그러므로 도덕군자道德君子는 반드시 홀로 거처할 때를 극히 조심하는 것이다.

소인小人이 한가한 때에는 항상 선하지 않은 행동을 하는데 이 행동이 지극함에 달하게 되면 이르지 못할 곳이 없게 된다.

그러나 도덕군자를 상면한 다음에는 자신이 하던 선하지 못한 일을 슬쩍 몰래 숨기고 자신도 착한 일을 하는 것처럼 위장을 한다. 그러나 남들이 자신을 들여다보는 것은 그 폐肺나 간肝을 보는 것과 같은 것이다.

이 무슨 소용이 있겠는가!

이것을 일러 "중(中: 안)이 진실하면 모든 것이 밖으로 나타난다."라고 한다. 그러므로 군자는 반드시 자기 홀로 거처할 때를 조심하는 것이다.

증자曾子가 말하였다.

"열 개의 눈이 자신을 바라보고 있는 것이요, 열 개의 손가락이 자신을 가리키고 있는 것이다. 이 얼마나 두려운 일인가."

풍요롭게 잘사는 부자富者는 언제나 자신의 집을 윤택하게 가꾼다. 덕을 갖추고 있는 사람은 언제나 자신의 몸을 윤택하게 만든다. 인간은 마음이 넓어지면 자신의 몸도 편안해지는 법이다.

그러므로 군자는 반드시 자신의 뜻을 진실하게 해야 하는 것이다.

◉ 집주에서 말했다.

"성기의자誠其意者는 스스로 닦는 것의 시작이다. 무毋는 금지의 말이다. '자기自欺'라고 이른 것은 선善을 하려면 악惡을 버리는 것은 알고 있으나 마음에서 발동하는 바는 진실함이 있지 않는 것이다. 겸謙은 쾌快이며 족足이다. 독獨은 남은 알지 못하는 바이나 자신은 홀로 아는 바의 땅이다. 스스로 닦고자 하는 자는 선을 하려면 그의 악을 제거해야 한다는 것을 알고 곧 마땅히 진실로 그의 힘을 써 그 스스로 속이는 것을 금지시켜 그의 사나운 것을 싫어하는 것을 사나운 냄새를 싫어하는 것과 같이하고 선을 좋아하는 것을 마치 아름다운 여인을 좋아하는 것과 같이 해 모두 결단하고 제거하는 것에 힘쓰고 구해서 반드시 얻어 스스로 자신에게 쾌족快足하게 하고 자못 구차하게 밖을 따라 남을 위하지 않는 것이다. 그러면 그의 진실이나 진실하지 않은 것은 대개 타인은 아는 데 미치지 못하는 바이고 자신만이 홀로 아는 것이다. 그러므로 반드시 이에 삼가고 그의 기미를 살피는 것이다.

한거閒居는 독처獨處이다. 염연厭然은 사라져 막히고 닫혀 숨는 모양이다. 이것은 소인이 몰래 불선不善을 하다가 밖으로 드러나 감추고자 한즉 이것은 선을 마땅히 해야 한다는 것이나 악을 마땅히 제거해야 한다는 것을 알지 못할 뿐만 아니라 다만 능히 진실로 그의 힘을 사용하지 않아서 이에 이르렀을 뿐이다. 그러나 그의 악을 가리고자 해도 마침내 가리는 것이 불가하고 거짓으로 선을 하고자 해도 마침내는 속이는 것이 불가한데 또한 무슨 이익이 있겠는가? 이것은 군자가 거듭 경계로 삼아야 하는 것으로 반드시 그가 홀로 있을 때 삼가는 것이다.

증자의 말을 인용해서 상문上文의 뜻을 밝힌 것이다. 비록 깊숙하게 홀로 있는 가운데에서도 그 선악을 가리는 것이 불가한 것을 이 말을 더해서 두려움이 심하다는 것을 설명한 것이다. 반胖은 안서安舒이다.

부자는 능히 집을 윤택하게 하고 덕은 능히 자신을 윤택하게 한다는
것을 말한 것이다. 그러므로 마음에 부끄러움이 없게 되면 광대하고
관평寬平해지고 신체는 항상 펴져 편안해진다. 덕이 자신을 윤택하게
하는 것도 그러한 것이다. 대개 선이 안에 가득하면 밖으로 나타나는
것이 이와 같은 것이다. 그러므로 또 이를 말하여 결론지은 것이다.

　이상은 전傳의 6장이다. 성의誠意를 해석했다.

　경經에는 이르기를 그의 뜻을 진실하게 하고자 한다면 먼저 그의
앎에 이르라고 했다. 또 이르기를 '지지이후의성知至而后意誠'이라고
했으니 대개 마음과 몸체의 밝음이 다하지 못한 바가 있게 되면 그의
발동하는 바는 반드시 그의 힘을 진실로 사용하지 아니함이 있고 구차함
이 있게 하는 것은 스스로를 속이는 것이다. 그러나 어떤 이는 이미
밝혔다고 이것을 삼가지 않게 된다면 그의 밝은 것이 또 자신이 둔
것이 아니고 덕으로 나아가는 기틀이 되는 것이 없는 것이다. 그러므로
이 장의 가리키는 바는 반드시 상장上章을 이어 통하여 상고한 연후에야
그 용력用力의 시종始終을 보는 것이 있는 것이다. 그 순서가 어지러워지
지 않고 공로는 이지러지지 않는 것이 이와 같은 것을 이른 것이다."

誠其意者 自修之首也 毋者 禁止之辭 自欺云者 知爲善以去惡 而心之
所發 未有實也 謙 快也 足也 獨者 人所不知而己所獨知之地也 言欲自修
者 知爲善以去其惡 則當實用其力 而禁止其自欺 使其惡惡則如惡惡臭
好善則如好好色 皆務決去而求必得之 以自快足於己 不可徒苟且以徇外
而爲人也 然 其實與不實 蓋有他人所不及知而己獨知之者 故 必謹之於
此 以審其幾焉
閒居 獨處也 厭然 消沮閉藏之貌 此 言小人陰爲不善而陽欲揜之 則是非

不知善之當爲 與惡之當去也 但不能實用其力 以至此耳 然欲揜其惡而
卒不可揜 欲詐爲善而卒不可詐 則亦何益之有哉 此君子所以重以爲戒而
必謹其獨也
引此 以明上文之意 言雖幽獨之中 而其善惡之不可揜 如此 可畏之甚也
胖 安舒也 言富則能潤屋矣 德則能潤身矣 故 心無愧怎則廣大寬平 而體
常舒泰 德之潤身者 然也 蓋善之實於中而形於外者 如此 故 又言此以
結之
右 傳之六章 釋誠意
經曰 欲誠其意 先致其知 又曰 知至而后意誠 蓋心體之明 有所未盡則其
所發 必有不能實用其力而苟焉 以自欺者 然 或已明而不謹乎此 則其所
明 又非己有 而無以爲進德之基 故 此章之指 必承上章而通考之然後
有以見其用力之始終 其序不可亂而功不可闕 如此云

　'자신의 뜻을 진실하게 한다.'는 것은 자기 자신을 속이지 않는
것이다. 먼저 자기 자신부터 속이지 않아야 양심良心이 바르게 되며
나아가 남도 속이지 않게 되는 것이다. 자신이 하는 일이 나쁜 것이란
생각이 들면 고약한 냄새를 피하듯 과감하게 버리고 자신이 하는
일이 좋은 일이라고 판단되면 사람들이 아름다운 여색을 좋아하거나
탐하듯이 용감하게 나아가 그것을 실행하여야 한다. 남을 속이며
나쁜 짓을 하고 자기 마음속에만 간직해 두려 해도 그 언젠가는 그러한
사실들이 저절로 드러나 세상 사람들에게 훤하게 밝혀지게 된다.
그러므로 군자는 혼자 있을 때라도 자신의 마음을 스스로 삼가지
않으면 안 되는 것이다. 마음속에 지닌 사실이 밖으로 나타난다는
말이 있다. 이 뜻은 소인이 혼자 있을 때는 온갖 악한 짓을 다하다가

군자를 본 후에는 자신의 마음을 숨기고 착한 일을 하는 것같이 보이려고 아무리 애를 써도 그 속이 다 들여다보이게 되는 것을 말한 것이다. 이러한데 남을 속이려 한다는 것이 무슨 소용이 있겠는가. 진실은 덮으려 해도 항상 드러난다. 이 세상의 많은 사람들의 눈길은 항상 자신을 감시하고 있으며 많은 사람들의 손가락이 자신을 가리키고 있다는 것을 명심하고 항상 자신의 몸가짐을 조심하지 않으면 안 되는 것을 재삼 강조한 것이다.

7. 바른 마음과 깨끗한 몸〔傳之七章 釋正心修身〕

가. 마음을 자신이 갖지 못하면…

이른바 몸을 닦음이 그 마음을 바름〔正〕에 있다함은 마음이 분치하는 바 있으면 그 바름을 얻지 못하고, 두려워하는 바 있으면 그 바름을 얻지 못하고, 좋아하고 즐거워하는 바 있으면 그 바름을 얻지 못하고, 근심하는 바 있으면 그 바름을 얻지 못하느니라. 마음이 있지 않으면 보아도 보지 못하며 들어도 듣지 못하며 먹어도 그 맛을 알지 못하느니라. 이로써 이르니 몸을 닦음은 그 마음을 바르게 하는 데에 있느니라.

所謂修身이 在正其心者는 身有[1]所忿懥[2]則不得其正하고 有所恐懼則 不得其正하고 有所好樂則不得其正하고 有所憂患則不得其正이니라 心不在焉[3]이면 視而不見[4]하며 聽而不聞하며 食而不知其味니라 此謂脩身이 在正其心이니라

72

1 身有(신유): 신身은 심心으로 보는 것이 옳다고 정자程子형제와 주자朱子가
  주장하였다. 여기서도 심心으로 해석하였다. 자신의 마음.

2 忿懥(분치): 성내다. 분忿은 불같은 성질. 치懥는 속에서 부글부글 끓는
  상태.

3 心不在焉(심부재언): 마음이 바름에 있지 않다.

4 視而不見(시이불견): 보아도 보이지 않다.

  '자신의 몸을 닦는 것'은 자신의 마음을 바르게 하는 데 있는 것이라고
말한 것은 자신의 마음에 노여워하는 것이 있게 되면 노여움에 마음을
빼앗겨 자신의 마음이 바른 것을 얻지 못하며, 자신의 마음에 두려워하
는 바가 있게 되면 두려운 마음 때문에 평정平定을 깨뜨려 마음으로
하여금 바름을 얻지 못하게 한다.

  자신의 마음에 좋아하는 것이 있으면 그 좋아하는 것에 빠져 마음으
로 하여금 그의 바른 것을 얻지 못하게 하고〔좋아하는 것은 무조건
선善한 것이고 싫어하는 것은 무조건 악惡한 것으로 보게 되어〕자신의
마음에 근심이 있게 되면 또한 마음으로 하여금 올바른 것을 얻지
못하게 한다. 자신의 마음을 자신이 가지고 있지 않으면 모든 사물을
보아도 사물의 바른 모습을 제대로 볼 수 없다. 무슨 소리를 들어도
그것이 무슨 소리인지 제대로 듣지 못할 뿐 아니라 맛있는 음식을
먹어도 그 맛의 참맛을 알지 못하는 것이다.

  이러한 것을 자신의 몸을 닦는 것이 그의 마음을 바르게 하는 것에
있다고 하는 것이다.

◉ 집주에서 말했다.

 "정자는 '신유身有'의 '신身'자는 '심心'자가 되는 것이 마땅하다고
했다. 분치忿懥는 노怒이다. 대개 이 분치忿懥, 공구恐懼, 호락好樂,
우환憂患의 이 네 가지는 모두 마음의 용用이고 사람이 능히 없어서는
안 되는 바이다. 그러나 하나라도 있게 되어 능히 살피지 않는다면
욕欲이 발동해 정情을 이겨 그 사용해서 행하는 바는 어떠한 것이라도
능히 그의 바른 것을 잃지 않을 수 없을 것이다.

 심心이 보존되지 않는 것이 있게 되면 그 자신을 검사할 수가 없다.
이 때문에 군자는 반드시 이러한 것을 살펴 공경하고 바르게 한 연후에
이 마음을 항상 보존하여 자신을 닦지 아니함이 없을 것이다.

 이상은 전傳의 7장이다. 정심正心, 수신修身을 해석했다. 이 장도
또한 6장을 이어서 7장을 일으킨 것이다. 대개 뜻이 진실하면 진실로
악이 없고 진실한 선만이 있어 능히 이 마음을 보존하고 그의 몸을
점검하는 바이다. 그러나 어떤 이가 다만 '성의誠意'만 알고 능히 이
마음의 보존이나 보존치 못하는 것을 밀찰密察하지 않는다면 또 안을
바르게 하고 자신을 닦는 것이 없게 되는 것이다. 이로부터 아래로는
나란히 구문舊文으로써 바른 것을 삼았다."

☙ 程子曰 身有之身 當作心
忿懥 怒也 蓋是四者 皆心之用而人所不能無者 然 一有之而不能察 則欲
動情勝 而其用之所行 或不能不失其正矣
心有不存則無以檢其身 是以 君子必察乎此而敬以直之 然後 此心常存
而身無不脩也

74

右 傳之七章 釋正心修身

此亦承上章 以起下章 蓋意誠則眞無惡而實有善矣 所以能存是心以檢其
身 然 或但知誠意而不能密察此心之存否 則又無以直內而修身也 自此
以下 並以舊文 爲正

  마음이 바로 서야 몸의 균형도 유지된다. 그러므로 인간이 가진
각자의 마음은 그 자신을 비춰주는 거짓 없는 거울이다. 사람은 자신의
거울에 자신을 비춰보고 몸을 바르게 한다거나 행실을 바르게 한다거
나 한다. 또한 수양을 하기 위해 거울에 자신을 비춰보아 그 나타나는
형상形象의 아름답고 추한 것에 따라서 그것을 기준 삼아 자신의 몸을
갈고 닦을 수 있는 것이다. 자신의 "몸을 닦는 것은 마음을 바르게
하는 데 있다."고 하는 것은 마음속에서 노여움이나 두려움, 근심,
지나치게 좋아하는 것에 집착하고 있을 때는 마음의 안정을 잃어
판단의 기준이 한쪽으로 치우치게 되고 올바른 판단을 내릴 수 없게
된다는 것이다. 이것은 마음의 정상적인 상태를 상실한 것이다. 정상적
인 상태에 있지 않은 상황에서 사물을 판단할 경우 사사로운 정情이나
좋아하고 싫어하는 것에 따라 편향되어 한쪽만을 보고 들으며 그것만
을 신뢰하게 되어서 편벽된 사고를 하게 되는 것이다. 이와 같은
상태는 마음이 올바름을 얻지 못한 것으로 '봐도 본 것 같지 않고
들어도 들은 것 같지 않으며 먹어도 그 맛을 알지 못한다.'라고 했다.
'몸을 닦는 것은 자신의 마음을 바르게 하는 데 있다.'고 처음에 강조한
것을 다시 더 강조한 것은 마음을 바르게 하는 것이 몸을 닦는 기본이기
때문이다. 마음에 분노가 있고 마음에 두려움이 있고 마음에 좋아하는

것이 있고 마음에 근심이 있는 이 네 가지는 마음의 용(用: 쓰임새)으로 사람이라면 능히 없지 않은 것이다. 그러나 그 한 가지라도 마음에 두어서 능히 그것을 살피지 않는다면 욕심이 발동하고 정情이 승리하여 그 쓰임새의 행동하는 것이 그 바른 것을 얻지 못하게 된다는 것을 주석에서 주자는 다시 강조하였다.

8. 자신의 수양과 가정의 평화〔傳之八章 釋修身齊家〕

가. 항상 남의 것이 더 커 보이는 것이다

이른바 그 집을 가지런히 함이 그 몸을 닦음에 있다함은 사람이 그 친애하는 바에 벽辟하며 그 천오賤惡하는 바에 벽하며 그 경외하는 바에 벽하며 그 애긍하는 바에 벽하며 그 오타敖惰하는 바에 벽하나니 고로 좋아하되 그 악을 알며 미워하되 그 아름다움을 알 사람이 천하에 적으니라. 고로 속담에 있으니 가로되 사람이 그 아들의 사악함을 알지 못하며 그 묘의 싹이 큼을 알지 못한다 하니라. 이것을 일러 몸을 닦지 않으면 가히 그 집을 가지런히 하지 못한다 하니라.

所謂齊其家 在修其身者는 人[1]이 之[2]其所親愛而辟[3]焉하며 之其所賤惡而[4]辟焉하며 之其所畏敬而辟焉하며 之其所哀矜而辟焉하며 之其所敖惰而辟焉하나니 故로 好而知其惡하며 惡而知其美者 天下에 鮮矣니라 故로 諺[5]에 有之하니 曰 人이 莫知其子之惡하며 莫知其苗之碩[6]이라하니라 此謂身不修면 不可以齊其家니라

※

1 人(인): 중인衆人. 뭇사람.

2 之(지): 어조사. 어於와 같은 뜻.

3 辟(벽): 편벽便辟되다. 한쪽으로 치우치다.

4 惡而(오이): 미워하다. 악惡의 발음을 '오'로 한다.

5 諺(언): 시중에 떠돌아다니는 말. 속담.

6 莫知其苗之碩(막지기묘지석): 자신의 싹이 크다는 것을 알지 못한다. 기묘지석其苗之碩이란 단어가 여기에서 나왔다. 남의 떡이 더 커 보인다는 뜻.

이른바 '집안을 화평和平하게 하는 것은 자신의 몸을 닦는 데 있다.'고 하였다.

사람들은 자신과 친하고 사랑하는 자에게 너무 편벽便僻되어 있으며, 자신이 천하게 여기고 미워하는 자에게도 너무 편벽되어 있다.

자신이 두려워하고 공경하는 자에게 너무 편벽되어 있고, 자신이 가엾게 여기고 불쌍히 여기는 자에게 너무 편벽되어 있으며, 자신이 거만하게 대하고 게을리 대하는 자에게도 편벽되어 있어 그들에게 대하는 것은 모두 편벽되게 하기 마련이다.

그러므로 좋아하면서 그 좋아하는 사람의 나쁜 버릇을 알고, 미워하면서도 그 미워하는 사람의 아름다운 선행善行을 알고 있는 참다운 군자는 천하의 그 많은 사람 가운데에서도 아주 적은 것이다.

옛 속담에도 이런 말이 있다.

"세상 사람들은 자기 자식의 사납고 나쁜 점을 알지 못하고 자기 벼의 싹이 많이 자랐음을 알지 못한다."

이것은 곧 남의 것이 커 보인다는 말이다.

이러한 것을 일러 '몸을 닦지 않으면 자신의 집안도 태평하게 할
수 없다.'고 하는 것이다.

◉ 집주에서 말했다.

"인人은 중인衆人이다. 지之는 어於와 같다. 벽辟은 편偏과 같다. 친애親
愛, 천오賤惡, 외경畏敬, 애긍哀矜, 오타敖惰의 다섯 가지는 사람에게
있어서 본래 당연한 법칙이다. 그러나 보통 사람의 정은 오직 그 향하는
바에 살피는 것을 더하지 않는다면 반드시 한쪽으로 치우치는 것에
빠져 몸을 닦지 못하는 것이다.

언들은 속어(俗語: 속담)이다. 사랑에 빠진 자는 밝지 못한다. 탐하여
얻는 자는 싫어하는 것이 없다. 이것은 한쪽으로 치우친 것의 해로운
것이 되고, 집안을 가지런히 하지 못하는 이유이다.

이상은 전傳의 8장이고 수신제가修身齊家를 해석했다."

🌿 人 謂衆人 之 猶於也 辟 猶偏也 五者在人 本有當然之則 然 常人之情
惟其所向 而不可察焉 則必陷於一偏而身不修矣
諺 俗語也 溺愛者 不明 貪得者 無厭 是則偏之爲害而家之所以不齊也
右 傳之八章 釋修身齊家

자신의 인격이 도야陶冶되지 않으면 이 세상에 설 수 없고 타인을
다스릴 수 없다는 가장 큰 교훈이다. 자신의 집안을 화평하게 하려면
먼저 자신의 몸을 닦아야 한다고 한 것은 중인衆人은 마음의 공평公平을
잃기 쉽기 때문이다. 우선 자신과 친근한 사람에게 치우쳐 먼저 생각하

고 싫어하는 사람을 미워하기 쉽다. 또한 존경하는 사람을 따르기 쉽고 불쌍히 여기는 사람은 동정하기 쉽고 얕보고 소홀히 여기는 사람은 지나치게 냉대하기 쉬운 것이다. 가정에는 아내와 자식과 같이 친애하는 사람, 부모와 같이 공경하는 사람, 하인과 같이 천한 사람, 형수와 조카 또 여타의 일가친척 등 여러 부류의 식구가 있게 마련이다.

이 여러 식구가 존재하므로 공명정대公明正大한 마음을 가지지 않고는 집안의 평화가 있을 수 없다. 인간은 자기가 좋아하는 사람의 단점을 살피고 자신이 미워하는 사람의 장점을 살피기는 힘들다. 자기 자식의 단점은 잘 알지 못하고 또 항상 남의 것은 더 크게 보이듯 인간의 욕심은 무한한 것이다. 이러한 것들을 공평무사한 마음으로 처리하지 않을 때는 주위의 원성이 항상 있기 마련이다. 자신의 몸을 잘 닦아 공평무사하게 일을 처리한다면 가정의 화평을 가져올 수 있다. 그러므로 가정의 화평은 수신이 근본이라는 요도要道가 여기에 있다고 하였다.

9. 가정의 화평과 국가의 평화[傳之九章 釋齊家治國]

가. 백성을 갓난아기 보호하듯 하다

이른바 나라를 다스림이 반드시 먼저 그 집을 가지런히 해야 한다는 것은 그 집을 가히 가르치지 못하고 능히 사람을 가르칠 자 없으니 고로 군자는 집을 나가지 않고도 가르침을 나라에 이루나니 효孝는 임금을 섬기는 방법이요, 제弟는 어른을 섬기는 방법이며, 자慈는 백성을 부리는 방법이니라. 강고康誥에 가로되 적자赤子를 보호하듯 하라 하니 마음의 정성으로 구하면 비록 적중適中하지 못하더라도 멀지 않으니 자식 기르는 것을 배운 후에 시집가는 자 있지 않으니라.

所謂治國이 必先齊其家者는 其家를 不可敎오 而能敎人[1]者 無之하니 故로 君子는 不出家而成敎於國[2]하나니 孝者[3]은 所以事君也오 弟者[4]는 所以事長也오 慈者는 所以使衆[5]이니라

康誥에 曰 如保赤子[6]라하니 心誠求之면 雖不中이나 不遠矣니 未有學養子[7]而后에 嫁者也니라

※

1 能敎人(능교인): 능히 다른 사람을 가르치다.
2 成敎於國(성교어국): 가르침을 나라에 이루다. 나라 사람들을 교화하다.
3 孝者(효자): 부모에게 효도하는 사람.
4 弟者(제자): 형에게 공손하게 하는 것. 제弟는 공손함. 제悌와 같다.
5 所以使衆(소이사중): 백성을 다스리는 방법. 백성을 부리는 방법. 소이所以는 방법, 길, 까닭.
6 赤子(적자): 옷을 입지 않은 어린아이. 갓난아기를 말한다.
7 學養子(학양자): 아기를 낳아 기르는 것을 배우다.

이른바 한 나라를 다스리려면 반드시 먼저 가정의 평화를 이루어야 한다. 자신의 가정을 교육시키지 않고 타인의 가정을 교육시키는 자는 없는 것이다〔자기 가정을 교육시키고 화평하게 다스린 후에야 남을 교육시키고 그 교화의 힘으로 다스림을 세상에 펼 수 있는 것이다〕.

군자는 집 밖으로 나가지 않아도 군자의 가르침은 나라 안에 퍼져나

가 백성을 교화敎化시키는 것이다.

효도하는 것은 군주를 섬기는 것이며, 공경하는 것은 어른을 섬기는 것이며, 자애하는 것은 백성을 부리는 것이다.

강고康誥에 "갓난아기를 보호하듯 하라."라고 하였다〔백성 돌보기를 아이 보호하듯 하라는 이야기이다〕.

마음으로부터 정성껏 아기를 돌본다면 아기의 요구에 꼭 들어맞지는 않을지라도 아기가 원하는 바의 반대 방향으로 흐르지는 않을 것이다.

자식 키우는 법을 다 배운 후에 시집가는 여자는 이 세상에 있지 않다〔그러나 성숙한 여자는 결혼하여 어머니로서의 애정을 쏟아 정성껏 보살피기 때문에 아기를 잘 돌볼 수 있는 것이다〕.

◉ 집주에서 말했다.

"몸이 닦아지면 가정을 교육시키는 것이 가한 것이다. 효도〔孝〕, 공경〔弟: 우애〕, 자애〔慈〕의 세 가지는 수신修身해서 집안을 교육시키는 바이다. 그러나 국가의 군주를 섬기고 어른을 섬기며 백성을 부리는 도道는 이 세 가지의 밖에 하지 않는다. 이것이 집안을 위에서 다스리면 교육은 아래에서 성사되는 바이다.

이것은 『서경』 강고편의 문장을 인용해 해석한 것이다. 또 교육을 세우는 근본을 밝혀서 강제로 하지 않고 그것의 단端을 알아서 미루어 넓히는 데 있을 뿐이다."

Ɑ 身脩則家可教矣 孝弟慈 所以脩身而教於家者也 然而國之所以事君 事長 使衆之道不外乎此 此所以家齊於上而教成於下也

此 引書而釋之 又明立教之本 不假强爲 在識其端而推廣之耳

몸을 닦아 가정을 편안하게 하고 그 여덕餘德으로 백성을 다스리는 덕치德治의 이념을 근간으로 한 왕도정치王道政治의 이상을 말한 것이다. 군자가 갖춘 덕의 자취는 한 집안을 가지런히 하고 그것이 넘쳐 이웃과 온 나라, 천하에까지 이르게 되어 정치의 이상향을 가져올 수 있다. 그러므로 명덕明德을 밝히고 집안을 완전히 다스려 덕이 충만한 군자는 자기 집안을 벗어나지 않아도 그의 덕은 온 나라 사람들에게 전해져 교화시킨다고 했으며 그 교화의 기본이 되는 덕목德目은 효孝, 제弟, 자慈라고 하였다. 집안을 다스리는 데 필요한 덕목인 효는 부모를 잘 섬기는 것으로 사람들의 모범이 되며 더 나아가서는 임금을 잘 섬기는 도리인 충忠으로까지 발전할 수 있는 것이다. 형兄을 대할 때의 도리인 제(弟: 공경)는 나이 많은 어른들을 대하는 공손의 덕이 되며 윗사람을 섬기는 도리가 된다. 또 어버이가 자식을 사랑하는 자애로움을 가져다 일반 백성을 다스리는 데에까지 넓혀간다면 백성은 자식이 어버이를 따르듯 그렇게 복종할 것이며, 갓난아기를 돌보듯이 백성을 보살핀다면 백성은 또한 편안한 삶을 영위하고 좋은 세상을 노래하며 살도록 잘 다스릴 수 있다는 것을 말하였다.

말로써 자기 생각을 나타내지 못하는 갓난아기를 위해 어머니는 마음을 다해 정성껏 보살핌으로써 갓난아기의 생각에 완전히 적중한 대응은 못할지라도 거의 갓난아기의 뜻에 가깝게 대처해 줄 수 있다. 이와 같이 할 수 있는 것은 아기에 대한 어머니의 사랑이 진실하여 허식虛飾과 작위作爲가 없음으로써 가능한 것이다. 그 밖의 모든 것도 이와 같다.

　나라를 다스리는 사람도 진정한 인仁으로 정성껏 백성을 보살필
때 백성의 삶은 안락할 것이지만, 그렇지 못하면 항상 백성은 불안해하
게 되는 것이다.

나. 말 한 마디가 나라를 그르친다

한 집이 인仁하면 한 나라에 인이 흥하고 한 집이 겸양하면 한 나라에
겸양이 흥하고 한 사람이 탐려하면 한 나라에 난이 일어나니 그 기틀이
이와 같으니 이를 일러 한 마디 말이 일을 그르치며 한 사람이 나라를
안정시키는 것이니라. 요와 순이 천하를 인으로써 거느리시니 백성이
좇고 걸과 주가 천하를 거느리기를 포악으로써 하니 백성이 좇았다.
그 명령하는 바가 그 좋아하는 바에 반대되면 백성이 좇지 않나니
이런 고로 군자는 몸에 둔 후에 사람에게 구하며 몸에 없는 후에 사람을
비난하니 몸에 감춘 것이 서恕가 아니고 능히 사람을 깨우치는 자
있지 않다. 고로 나라를 다스림이 그 집을 가지런히 함에 있느니라.

一家 仁이면 一國이 興仁하고 一家 讓이면 一國이 興讓하고 一人[1]이 貪戾[2]
하면 一國이 作亂하나니 其機[3]如此하니 此謂一言이 僨事[4]며 一人이 定國이
니라
堯舜[5]이 帥天下以仁하신대 而民이 從之하고 桀紂[6]가 帥天下以暴한대 而
民이 從之하니 其所令이 反其所好면 而民이 不從하나니 是故로 君子는
有諸己而後에 求諸人하며 無諸己而後에 非諸人하나니 所藏乎身이 不
恕[7]오 而能喩[8]諸人者 未之有也니라

故로 治國이 在齊其家니라

※

1 一人(일인): 한 나라의 군주를 지칭한다.

2 貪戾(탐려): 욕심을 내고 도리에 어긋나다.

3 機(기): 기미. 일이 발생하는 동기를 말한다.

4 僨事(분사): 일이 어그러지게 하다. 국가의 중요한 일을 그르치다.

5 堯舜(요순): 고대 중국의 이상적인 군주로 알려진 요임금과 순임금.

6 桀紂(걸주): 걸桀은 하夏나라의 마지막 임금으로 포악하기 이를 데 없었다.
주紂는 은殷나라의 마지막 황제로 지극히 포악하였다. 둘 다 포악한 정치가의
대명사로 쓰인다.

7 恕(서): 인仁과 같은 것으로 자신의 몸을 닦아 완성한 후에 자신이 도를
닦던 그런 마음으로 타인에게 도움을 주고 자신의 마음에 타당한 후에 미루어
타인에게도 명령하는 광활한 마음을 가리키는 것. 곧 자신이 서고자 하면
남도 서고자 하고 자신이 통달하고자 하면 남도 통달하고 싶은 마음이 있음을
깨달아 남도 통달하도록 도와주려 하는 마음.

8 喩(유): 깨우치다. 깨닫게 하다.

자신의 집안을 가르친 결과 집안에 인仁이 실현되어 한 집안이
어질게 되면 한 나라 전체에도 인이 일어나게 된다. 한 집안에 겸양의
덕이 실천되면 한 나라 전체에도 겸양의 덕이 일어나게 된다.

반대로 군주 한 사람이 탐욕스럽고 법을 무시하게 되면 나라 전체에
서도 그에 따라 법을 무시하게 되므로 한 나라가 혼란해지고 사회가
어지러워진다.

다스림이나 어지러움의 현상이 나타나는 기미는 이와 같은 것이다.

이것은 "군자 한 사람의 잘못된 말 한 마디가 국가의 대사大事를

낭패하게 만들고 군자다운 한 사람의 인물이 한 나라를 안정시킨다."는 말의 표본標本인 것이다.

　요堯임금과 순舜임금이 솔선수범하여 천하를 어진 정치로써 통솔하자 백성도 인을 실천하여 스스로 잘 추종하였다.

　걸왕桀王과 주왕紂王이 포악한 정치로써 백성을 통솔하자 백성은 포악한 것으로써 이를 따랐다.

　그 통솔하는 것이 자신의 좋아하는 것과 서로 상반되면 백성은 따르지 않는다.

　이런 까닭으로 군자는 자신이 선을 지닌 다음에야 비로소 남에게도 선을 갖도록 설득할 수 있고, 자신이 악을 물리친 다음에야 비로소 남의 악을 비난하고 바로잡을 수 있다.

　몸에 어진 것을 지니지 않고서 능히 타인을 깨우쳐 악을 물리치도록 할 수 있는 자는 이 세상에 있지 않았다.

　그러므로 이러한 것이 나라를 다스리는 요도要道는 그 가정을 평화스럽게 가꾸는 데 있다고 한 것이다.

◉ 집주에서 말했다.

"일인一人은 군君을 이른다. 기機는 발동해서 말미암는 바이다. 분憤은 복패(覆敗: 넘어지다)이다. 이 문장은 교육이 국가에서 이루어지는 효험을 말한 것이다.

　〔두 번째 문장〕 이 문장은 상문上文의 '일인정국一人定國'을 이어서 말한 것이다. 자신에게 선善을 둔 연후에 남의 선을 꾸짖는 것이 가하다.

자신에게 악惡이 없는 연후에 남의 악을 바로잡는 것이 가하다. 모두
자신을 미루어 남에게 미치는 것으로 이른바 '서恕'이다. 이와 같지
않고 명령한 바가 그의 좋아하는 바와 반대로 한다면 백성은 따르지
않는 것이다. 유喩는 효曉이다. '고치국재제기가故治國在齊其家'는 상문
上文을 통틀어 결론지은 것이다."

🐟 一人 謂君也 機 發動所由也 僨 覆敗也 此 言敎成於國之效
此 又承上文一人定國而言 有善於己然後 可以責人之善 無惡於己然後
可以正人之惡 皆推己以及人 所謂恕也 不如是則所令 反其所好而民不
從矣 喩 曉也
通結上文

　당우唐虞시대의 성군聖君인 요임금과 순임금 같은 군주는 스스로
어진 덕을 닦아 몸에 지니고 어진 덕을 미루어 천하를 다스렸기 때문에
백성도 이것을 따라 어진 것을 본받고 어질게 되었다.
　폭군인 하夏나라 말기의 걸왕과 은殷나라 말기의 주왕은 스스로
포악무도暴惡無道하였으며 그 포악무도한 것으로써 천하를 다스렸기
때문에 백성도 이에 따라 포악무도하게 되었다. 왕명으로 아무리
법을 지키고 좋은 일을 하도록 명령해도 백성은 포악무도한 것만을
좋아하고 따라 하게 되었던 것이다.
　군주가 평소에는 늘 악惡만을 즐겨 행하면서 백성에게는 선을 행하라
고 명령한다면 그런 명령을 백성은 따르지 않는다. 따르지 않을 뿐
아니라 악만을 즐겨 행하는 군주를 따라서 포악한 행동을 일삼을

것이다. 만약 요임금과 순임금 같은 어진 군주가 백성에게 포악한 짓을 명령한다 하더라도 백성은 따르지 않고 선을 행할 것이다.

그러므로 군주나 군자는 착한 일이라면 발 벗고 나서서 먼저 행동하고 실천한 뒤에 타인에게도 권고하고 악한 것은 비록 작은 것이라도 자신의 몸에 있지 않게 한 후에 타인에게 악한 짓을 하지 않도록 계도해야 한다고 했다. 이러한 것은 자기 자신을 깨우칠 때의 마음으로 남을 깨우치고, 자기 자신을 사랑하는 마음을 미루어 남을 사랑하는 서(恕: 仁)의 마음을 가지고 있지 않고서는 있을 수 없는 것이다. 국가를 다스리는 사람은 우선 한 집안이 되는 일가一家를 감화시켜 잘 다스려 놓아야 한다. 일가를 다스려 놓지 못하는 것은 자신에게 덕이 부족한 것을 보여주는 것이다. 자신의 덕은 부족하면서 백성에게는 덕을 요청한다는 것은 본말本末이 전도된 이야기인 것이다.

다. 가정을 잘 다스려야 국가도 다스린다

시에 이르기를 복숭아의 요요함이여, 그 잎이 진진하도다. 이 아가씨의 돌아감(시집)이여, 그 가인家人을 편안히 하리로다 하였다. 그 가인을 편안히 한 후에 가히 써 국인國人을 가르치느니라. 시에 이르기를 형과 친하고 아우와 친하도다 하였으니 형과 친하고 아우와 친한 후에 가히 써 나라의 사람을 가르치느니라. 시에 이르기를 그 거동이 그르지 않은지라 이 사방 나라를 바르게 하리로다 하니 그 부자와 형제된 것이 족히 법法한 후에 백성이 법하느니라. 이것을 일러 나라를 다스림이 그 집을 가지런히 함에 있느니라.

詩[1]云 桃之夭夭[2]여 其葉蓁蓁[3]이로다 之子[4]于歸[5]여 宜[6]其家人이라하니 宜其家人而后에 可以敎國人이니라

詩[7]云 宜兄宜弟[8]라하니 宜兄宜弟而后에 可以敎國人이니라

詩[9]云 其儀不忒[10]이라 正是四國이라하니 其爲父子兄弟足法而后에 民이 法之也니라

此謂治國이 在齊其家니라

※

1 詩(시): 『시경』 주남周南 도요편桃夭篇에 있는 말.

2 夭夭(요요): 여리고 싱싱하며 어여쁜 모양.

3 蓁蓁(진진): 아름답고 무성한 모양.

4 之子(지자): 이 처자. 이 아가씨.

5 歸(귀): 여자가 시집가는 것을 귀歸라고 말한다.

6 宜(의): 선하다. 착하다. 알맞다.

7 詩(시): 『시경』 소아小雅 육소편蓼蕭篇에 있는 말.

8 宜兄宜弟(의형의제): 형과 우애하고 아우와 우애하는 것을 말한다. 또는 그 형에 그 아우를 이른다.

9 詩(시): 『시경』 조풍曹風 시구편鳲鳩篇에 있는 말.

10 忒(특): 어긋나다. 그르치다.

『시경』에 말하였다.

"복숭아나무의 여리고 싱싱한 고움이여!

그 잎사귀 아름답고 무성하게 어울렸구나.

젊고 고운 덕을 갖춘 저 아가씨의 시집감이여!

그 집안사람들과 잘 어울려 화목하게 지내리라."

그 가정 내의 식구들을 화목和睦하게 잘 지내게 한 후라야 능히 나라의 백성을 교화시킬 수 있는 것이다.

『시경』에 말하였다.

"형과 우애하고 아우와 우애하도다."

형과 우애하고 아우와 우애하여 집안이 바로잡힌 뒤라야 나라의 백성을 가르쳐 변화시킬 수 있다.

『시경』에 말하였다.

"그의 위의나 행동이 법도에 조금도 어긋나지 않는다. 이것이 사방의 국가를 감화시켜 바르게 하는 것이다."

그 아버지는 자애롭고 아들은 효도하며 형은 아우를 사랑하고 아우는 형을 공경하여 집안이 잘 다스려져 가히 본보기가 되어야 그 백성이 본받는 것이다.

이것을 이른바 '나라를 다스리는 것은 그 가정을 화평하게 잘 다스리는 데에 있다.'고 하는 것이다.

◉ 집주에서 말했다.

"시는 『시경』 주남周南 도요편桃夭篇의 시구이다. 요요夭夭는 젊고 아름다운 모양이다. 진진蓁蓁은 아름답고 성대한 모양이다. 흥체興體는 시이다. 지자之子는 '시자是子'를 말한 것과 같다. 이 시는 여자의 시집가는 것을 가리켜 말한 것이다. 부인婦人이 시집가는 것을 일러 귀歸라고 한다. 의宜는 선善과 같다.

시는 『시경』 소아小雅 육소편蓼蕭篇의 시구이다.

시는 『시경』 조풍曹風 시구편鳲鳩篇의 시구이다. 특忒은 차差이다.

이곳의 3편의 『시경』의 글을 인용해서 모두 상문上文의 일을 읊어 탄식하고 또 결론지은 것이 이와 같은데 그 깊은 맛이 뛰어나니 깊이 익히는 것이 가장 마땅할 것이다.

이상은 전傳의 9장이고 제가치국齊家治國을 해석했다."

🐌 詩는 周南桃夭之篇 夭夭 少好貌 蓁蓁 美盛貌 興也 之子 猶言是子
此 指女子之嫁者而言也 婦人謂嫁曰歸 宜 猶善也
詩 小雅蓼蕭篇
詩 曹風鳲鳩篇 忒 差也
此三引詩 皆以詠歎上文之事 而又結之如此 其味深長 最宜潛玩
右 傳之九章 釋齊家治國

『시경』 3편의 일부를 인용引用하여 나라를 다스리는 모든 근본은 가정의 화평에 있다는 것을 강조한 글이다.

군자라면, 아버지로서는 자애롭고 아들로서는 효도하며 형으로서는 아우를 사랑하고 우애하며 아우로서는 형을 공경하여 가까운 식구들과 화목하게 지내고 식구들끼리도 아끼며 화목하게 자신의 할 일을 다 하도록 가정을 잘 다스려야 한다.

자신의 가정이 잘 다스려지면 다른 사람의 모범이 될 수 있다. 그렇게 된 후라야 부끄러움 없이 외부에도 미치게 하여 가르치고 변화시켜 나가면 모든 백성이 반발하지 않고 따르며 존경할 것이다.

백성을 가르쳐 변화시킨다는 것은 백성을 새롭게 하는 것이며, 백성을 새롭게 교화시킴으로 인하여 그 나라는 잘 다스려지는 것이다.

자신의 집안은 기강이 문란하면서 백성을 교화시키고 또 나라를
잘 다스린다는 것은 있을 수 없는 일이라고 했다.

10. 국가의 안녕과 세계의 평화〔傳之十章 釋治國平天下〕

가. 노여운 것을 옮기지 않아야 한다

이른바 천하를 평平하는 것이 그 나라를 다스림에 있다는 것은 상上이
늙은이를 늙은이로 여기면 백성이 효를 일으키고, 상이 어른을 어른으
로 여기면 백성이 공경을 일으키며, 상이 고孤를 휼恤하면 백성이
배반치 아니하니 이로써 군자는 혈구의 도가 있느니라. 상을 미워하는
바로써 하를 부리지 말며, 하를 미워하는 바로써 상을 섬기지 말며,
앞을 미워하는 바로써 뒤에 먼저 하지 말며, 뒤를 미워하는 바로써
앞에 좇지 말며, 오른쪽을 미워하는 바로써 왼쪽과 사귀지 말며, 왼쪽을
미워하는 바로써 오른쪽과 사귀지 않는 것, 이것을 일러 혈구의 도라
하니라. 시에 이르되 낙樂한 군자여, 민民의 부모라 하니 민의 좋아하는
바를 좋아하며 민의 싫어하는 바를 싫어하는 것, 이것을 일러 민의
부모라 하니라. 시에 이르되 절한 저 남산이여, 돌이 암암하도다.
혁혁한 사윤이여, 민이 다 너를 본다 하니 나라를 둔 자 가히 써 삼가지
아니치 못할 것이니 편벽하면 천하의 육僇이 되느니라.

시에 이르되 은殷이 백성을 잃지 않았을 때 능히 상제에 짝하더니
마땅히 은을 볼지어다. 큰 명이 쉽지 않다 하니 백성을 얻으면 나라를
얻고 백성을 잃으면 나라를 잃는다고 하느니라.

所謂平天下 在治其國者는 上이 老老[1]而民이 興孝하며 上이 長長[2]而民이
興弟하며 上이 恤孤[3]而民이 不倍하나니 是以로 君子는 有絜矩[4]之道也니라
所惡[5]於上으로 毋以使下하며 所惡於下로 毋以事上하며 所惡於前으로
毋以先後하며 所惡於後로 毋以從前하며 所惡於右로 毋以交於左하며
所惡於左로 毋以交於右 此之謂絜矩之道니라

詩[6]云 樂只[7]君子여 民之父母라하니 民之所好를 好之하며 民之所惡를
惡之 此之謂民之父母니라

詩[8]云 節[9]彼南山이여 維石巖巖이로다 赫赫[10]師尹[11]이여 民具爾瞻이라하니
有國者 不可以不愼이니 辟[12]則爲天下僇矣니라

詩[13]云 殷之未喪師[14]에 克配[15]上帝러니 儀監[16]于殷이어다 峻命[17]不易[18]라
하니 道[19]得衆則得國하고 失衆則失國이니라

※

1 老老(노로): 늙은이를 늙은이로 섬긴다. 집안의 노인을 노인으로 대접한다는
    뜻. 앞의 노老는 동사.

2 長長(장장): 어른을 어른으로 모시는 것. 앞의 장長은 동사.

3 孤(고): 어리고 아버지가 없는 아이.

4 絜矩(혈구): 혈絜은 재다. 구矩는 둥그런 자. 혈구는 자신의 착한 마음을
    기준으로 하여 남에게 그 마음을 적용시키는 것으로 충서忠恕와 같은 뜻.

5 所惡(소오): 싫어하는 바. 오惡는 미워하다, 싫어하다의 뜻.

6 詩(시): 『시경』 소아小雅 남산유대편南山有臺篇에 있는 구절.

7 只(지): 어조사.

8 詩(시): 『시경』 소아 남산편南山篇에 있는 구절.

9 節(절): 절연히 높고 큰 모양.

10 赫赫(혁혁): 빛나고 빛나다. 광채가 나다.

11 師尹(사윤): 주周나라 태사太師 윤씨尹氏.

12 辟(벽): 한쪽으로 치우치다. 편偏과 같은 뜻.

13 詩(시): 『시경』 문왕편文王篇에 있는 구절.

14 師(사): 대중. 백성.

15 配(배): 대신하다. 짝하다. 상대하다.

16 監(감): 보다. 거울삼다.

17 峻命(준명): 큰 명. 하늘의 명. 위대한 하늘의 명.

18 不易(불이): 쉽지 않다. 보존하기가 어렵다.

19 道(도): 이르다. 말하다.

"이른바 세계의 평화를 가져오는 것은 그 나라를 잘 다스리는 데 있다."라고 한 것은, 군주가 노인을 노인으로서 잘 대접하면 모든 백성은 그 군주를 본받아 부모에게 효도하는 풍조를 일으킨다.

군주가 어른을 어른으로서 잘 모시면 모든 백성이 그 군주를 본받아 어른을 공경하여 받드는 풍조를 일으킨다.

군주가 의지할 곳 없는 외로운 사람을 불쌍히 여기고 보살피면 백성은 그 군주의 마음을 헤아려 배반背叛하는 일이 없을 것이다.

이 때문에 군자(君子: 통치자)는 내 마음을 자[尺]로 삼아서 미루어 타인의 마음을 헤아리는 도리[絜矩之道]를 가지고 있는 것이다.

상관上官으로부터 불만스러운 일을 당했다고 증오하는 마음을 가지고 부하를 부릴 때 화풀이로 삼아 똑같은 일을 해서는 안 되며, 아랫사람이 불손하게 대했다고 싫어하는 마음을 가지고 상관을 섬길 때 불손하게 대해서는 안 된다.

앞사람이 싫어하는 바로써 뒷사람에게 먼저 행하지 않아야 하며,

뒷사람이 싫어하는 바로써 앞사람을 따르게 하지 않아야 한다.

오른편에서 싫어하는 것을 그대로 왼편에 옮겨 행하지 않아야 하며, 왼편에서 싫어하는 것을 그대로 오른편에 옮겨 행하지 않아야 한다.

이것이 내 마음을 자로 삼아 타인他人의 마음을 헤아려 보는 도리〔絜矩之道〕라고 말하는 것이다.

『시경』에 말하였다.

"도를 즐기는 덕을 갖춘 군자여!

백성의 부모라 할 것이다."

백성이 좋아하는 것을 함께 좋아하고, 백성이 싫어하는 것을 함께 싫어하는 것이다. 이러한 것을 일러서 '백성의 부모이다.'라고 하는 것이다.

『시경』에 말하였다.

"우뚝하니 솟은 저 남산이여!

삐죽삐죽한 바위, 첩첩이 쌓여 있네.

으리으리하니 높은 자리에 있는

태사太師 윤씨尹氏여!

백성이 모두 그대를 바라보고 있다네."

나라를 맡아 다스리는 자는 백성의 이목이 집중되어 있음을 항상 잊지 않으면서 신중하게 처신하고 조심하지 않으면 안 되는 것이다.

〔천하 사람과 좋아하고 싫어함을 같이 해야지 그렇지 않고 사리사욕 私利私慾의〕 한쪽으로 편벽되면 몸은 죽임을 당하고 나라는 망하게 되어 천하의 죽일 놈이 되는 것이다.

『시경』에 말하였다.

94

"은殷나라가 아직 백성의 마음을 잃지 않았을 때는 능히 하늘의 상제上帝와 짝하여 땅의 천자로 군림할 수 있었다. 〔그러나 도덕을 닦는 데 태만하고 백성의 좋아하고 싫어하는 바를 살피지 않아 민심을 잃게 되었으므로 나라가 망하였다.〕

백성을 다스리는 사람은 마땅히 은나라를 거울로 삼아 백성의 마음을 잃지 않도록 힘쓸지어다.

위대한 하늘의 명령을 받들어 백성을 잘 다스리며 계속 유지하기는 쉽지 않은 일이다."

백성의 마음을 얻으면 국가를 얻고, 백성의 마음을 잃으면 국가를 잃게 되는 것이다.

◉ 집주에서 말했다.

"노로老老는 나의 노인을 노인으로 여기는 것을 말하는 것이다. 흥興은 느껴 발동한 바가 있어 흥기興起한 것을 이르는 것이다. 고孤는 어려서 아버지가 없는 것을 일컫는다. 혈絜은 탁(度: 헤아리다. 재다)이다. 구矩는 방方을 만드는 곱자이다. 이 세 가지는 위에서 행하면 아래에서 본받는 것이 그림자나 메아리보다 빨라 이른바 집안이 가지런해지고 국가가 다스려지는 것을 말한 것이다. 또한 인심人心의 함께 하는 바는 한 사람의 지아비라도 얻지 못하는 것이 있으면 불가하다는 것을 나타낸 것이다. 이 때문에 군자는 반드시 마땅히 그 함께 하는 바를 따라 미루어 사물(사람)을 재어서 저와 나 사이로 하여금 각각 분수를 얻게 하는 것을 바란다면 상하와 사방이 균제均齊하고 방정方正해져서

천하는 화평해질 것이다.

이 문장은 상문上文의 '혈구絜矩' 두 글자의 뜻을 거듭 풀이한 것이다. 만약 위에서 나에게 무례하고자 하지 않았다면 반드시 이로써 아래의 마음을 헤아려 또한 감히 이 무례한 것으로써 부리지 않는다. 아래에서 나에게 불충不忠하고자 하지 않았다면 반드시 이로써 위의 마음을 헤아리고 또한 감히 이 불충한 것으로 섬기지 않는다. 전후좌우에 이르러도 모두 그러하지 않는 것이 없게 되면 자신의 처하는 바의 상하·사방·장단長短·광협廣狹·피차彼此가 한결같아 떳떳하지 아니함이 없을 것이며, 저들이 함께 이 마음을 가졌다면 흥기할 것이다. 또 어찌 한 지아비라도 얻지 못할 것이 있겠는가? 가진 바는 간략하게 되고 미치는 것은 넓어지는 것이다. 이것은 평천하平天下의 요도要道이다. 그러므로 장내章內의 뜻이 모두 이로부터 미루어지는 것이다.

시는 『시경』 소아 남산유대편南山有臺篇의 시구이다. 지只는 어조사 語助辭이다. 혈구絜矩에 능하면 백성의 마음을 자신의 마음으로 삼게 되는데, 이것은 백성을 사랑하는 것을 자식같이 여기고 백성을 사랑하는 것을 부모같이 여기는 것을 말한 것이다.

시는 『시경』 소아 남산편南山篇의 시구이다. 절節은 절연(截然: 잘라 끊은 듯한 절벽)하여 높고 큰 모양이다. 사윤師尹은 주나라 태사太師 윤씨(尹氏: 吉甫)이다. 구具는 구俱이다. 벽辟은 편偏이다. 위에 있는 자는 남의 우러러 쳐다보는 바로 삼가지 아니치 못할 것이며, 만약 혈구絜矩에 능하지 못하고 좋아하고 싫어하는 것을 한 몸의 편향된 것에 따른다면 자신은 죽게 되고 국가는 망하여 천하의 죽일 놈이 된다는 것을 말한 것이다.

96

시는 『시경』 대아 문왕편의 시구이다. 사師는 중衆이다. 배配는 대對
이다. 배상제配上帝는 그가 천하의 군주가 되어 상제(上帝: 하늘)와
마주한 것을 말한 것이다. 감監은 시視이다. 준峻은 대大이다. 불이不易
는 보호하는 것이 어렵다는 것을 말한 것이다. 도道는 언言이다. 시를
인용해서 이것을 말하고 상문上文의 두 절구節句의 뜻을 결론지어
천하를 둔 자는 능히 마음을 보존하고 잃지 않게 되면 혈구로써 백성과
더불어 하고자 하는 것을 함께 해 스스로 능히 중지하지 않는다는
것이다."

🐚 老老 所謂老吾老也 興 謂有所感發而興起也 孤者 幼而無父之稱
絜 度也 矩 所以爲方也 言此三者 上行下效 捷於影響 所謂家齊而國治也
亦可以見人心之所同 而不可使有一夫之不獲矣 是以 君子必當因其所同
推以度物 使彼我之間 各得分願則上下四旁 均齊方正而天下平矣
此 覆解上文絜矩二字之意 如不欲上之無禮於我則必以此 度下之心而亦
不敢以此無禮 使之 不欲下之不忠於我則必以此 度上之心而亦不敢以此
不忠 事之 至於前後左右 無不皆然則身之所處 上下四旁 長短廣狹 彼此
如一而無不方矣 彼同有是心而興起焉者 又豈有一夫之不獲哉 所操者
約而所及者廣 此 平天下之要道也 故 章內之意 皆自此而推之
詩 小雅南山有臺之篇 只 語助辭 言能絜矩而以民心 爲己心則是 愛民如
子 而民 愛之如父母矣
詩 小雅南山之篇 節 截然高大貌 師尹 周太師尹氏也 具 俱也 辟 偏也
言在上者 人所瞻仰 不可不謹 若不能絜矩而好惡徇於一己之偏則身弑國
亡 爲天下之大戮矣
詩 文王篇 師 衆也 配 對也 配上帝 言其爲天下君而對乎上帝也 監 視也

峻 大也 不易 言難保也 道 言也 引詩而言此 以結上文兩節之意 有天下者
能存此心而不失則所以絜矩而與民同欲者 自不能已矣

　세계 평화의 길은 한 국가의 안녕安寧에 있다. 한 국가의 안녕은
한 가정의 안정에서부터 시작된다. 한 가정의 안정은 각자가 직분職分
에 맞는 예의와 질서와 행실을 제대로 수행할 때 밝게 이루어지는
것이다. 한 가정이 안정되면 본보기가 되어 그것은 다른 가정에까지
파급되는 것이다. 일반 가정의 영향도 이러할진대 군주의 가정이
잘 다스려진다면 신하들은 물론 만백성에게 그 영향이 미치는 것이다.
군주가 자신의 가정에서 어른을 잘 대접하고 받들어 그 마음과 행실을
미루어 국가의 모든 어른을 잘 대접하고 받든다면 백성도 모두 군주를
따라 자신의 집안 어른은 물론 다른 집 어른들도 잘 받들어 모실
것이다. 그리하여 모든 나라 전체에 어른을 존경하고 받드는 기풍氣風
이 넘쳐흐르게 될 것이다. 진심으로 어른을 존경하고 받들게 되면
효도와 공경이 몸에 배게 된다. 받듦을 받는 윗사람은 아무리 악한
자라도 감동하여 아랫사람에게 자애慈愛롭게 하고 아끼며 보살피지
않겠는가. 이렇듯 위와 아래가 서로 공경하고 사랑하게 된다면 타인에
게 모욕이나 무례無禮, 불손不遜함을 당했을 때 자신이 느낀 불쾌함을
생각하고는 자신이 그렇게 행동했을 때 타인이 가질 불쾌감을 미루어
헤아릴 수 있어 그러한 행동을 하지 않도록 조심하게 된다. 내 마음을
살펴보아 타인의 마음을 미루어 헤아리는 것은 충서忠恕의 마음인
것이다. 모두가 이러한 충서의 마음이 있다면 어찌 미워하고 질시하며
불손하고 무례한 행동이 있을 것이며 사회에 어두운 면이 있겠는가.

『시경』에 '도를 즐기는 군자여, 백성의 부모라.' 한 것은 이 충서의 마음을 갖춘 군주의 도를 잘 나타내고 있다. 충서의 마음이라 할 수 있는 혈구의 도[絜矩之道]를 지닌 군주라면 자신의 마음을 미루어 헤아려 백성의 좋아하는 바를 알아 좋아하고 이루어지도록 하며 미워하는 바를 알아 같이 미워하고 제거하는 데 힘쓰는 것이다. 군주가 이와 같이 하는데 백성이 따르지 않을 자 있겠는가. 자식이 부모를 따르듯, 군주의 진실한 마음을 느끼고는 군주를 따를 것이다. 백성을 다스리는 자리에 있는 사람은 백성들이 항상 자신의 일거수일투족―擧手―投足을 주목하고 있다는 것을 언제나 잊지 않아야 할 것이다. 백성의 좋아하고 싫어하는 것은 살피지 않고 자신의 사사로운 정만을 위하면서 겉으로는 백성을 위하는 척한다면 진실이 곧 드러나기 때문에 백성은 따르지 않을 것이다. 지도자가 시키는 것을 따르지 않고 지도자의 이율배반적二律背反的인 행위를 따르게 되어 지도자를 배반하여 극에 이르면 지도자를 죽이는 일까지 서슴지 않는다는 것을 명심해야 한다. 자신의 마음이 좋아하고 싫어하는 바를 미루어 백성의 마음을 헤아려 살펴 백성을 사랑한다면 백성도 지도자를 사랑하게 되므로 민심民心을 얻어 자신의 몸도 지킬 수 있는 것이다. 옛 왕조의 흥망성쇠를 보라. 아무리 막강한 힘과 수백 년의 역사를 자랑해도 민심을 잃은 왕조王朝는 망하고, 백성의 마음을 얻은 왕조는 흥하여 천하를 다스렸던 것이다. 백성의 마음을 얻어야 지도자 자신의 몸도 지키고 나라도 잃지 않게 되며 나아가 천하도 다스릴 수 있다는 사실을 『시경』의 일부를 인용하여 제시하고 있다.

나. 덕은 근본, 재물은 말단末端이다

이런 고로 군자는 먼저 덕을 삼가나니 덕이 있으면 이에 사람이 있고 사람이 있으면 이에 땅이 있고 땅이 있으면 이에 재물이 있고 재물이 있으면 이에 쓰임이 있느니라. 덕은 근본이요, 재물은 말단이니 본을 밖으로 하고 말을 안으로 하면 백성을 다투게 하여 약탈을 베푸는 것이니라. 이런 고로 재물이 모이면 백성이 흩어지고 재물이 흩어지면 백성이 모이느니라. 이런 고로 말이 거슬려 나가면 또한 거슬려 들어오고 재물이 거슬려 들어오면 또한 거슬려 나가니라. 강고에 가로되 오직 명은 항상 하지 않다 하였으니 선善하면 얻고 선하지 않으면 잃는 것을 이르는 것이다.

是故로 君子는 先愼[1]乎德[2]이니 有德이면 此有人[3]이오 有人이면 此有土[4]오
有土면 此有財오 有財면 此有用이니라
德者는 本也오 財者는 末也니
外本內末이면 爭民施奪[5]이니라
是故로 財聚則民散하고 財散[6]則民聚니라
是故로 言悖[7]而出者는 亦悖而入하고 貨悖而入[8]者는 亦悖而出이니라
康誥에 曰 惟命[9]은 不于常[10]이라하니 道[11]善則得之하고 不善則失之矣니라

※

1 愼(신): 삼가다. 근신하다. 근謹과 같은 뜻.

2 德(덕): 여기서의 덕은 명덕明德을 말한다.

3 有人(유인): 사람이 있다. 백성을 얻는다는 말.

4 有土(유토): 땅이 있다. 나라를 얻는다는 말.

5 施奪(시탈): 약탈을 베풀다. 약탈하도록 가르친다는 뜻.

6 財散(재산): 재물이 흩어지다. 재물을 골고루 분배하다의 뜻.

7 悖(패): 거스르다. 거역하다.

8 貨悖而入(화패이입): 재물이 도리에 어긋나게 들어오다. 불법적인 방법으로
재물을 거두어들이다.

9 命(명): 하늘의 명령. 천명天命.

10 不于常(불우상): 떳떳함이 없다. 항상 함이 없다. 곧 일정불변이 아니고
변화한다는 말이다. 우于는 어조사.

11 道(도): 이르다, 말하다의 뜻.

이런 까닭으로 군자는 먼저 자신의 덕을 밝혀 삼가는 것이다. 덕을
밝혀 삼가는 것이 있게 되면 백성은 저절로 모여들어 따르게 된다.

저절로 모여들어 따르는 백성이 있게 되면 저절로 국토가 생겨
국가가 성립되게 된다.

국토國土가 있게 되면 물자物資가 생산되어 재물財物이 있게 된다.

재물이 있게 되면 나라의 살림을 이끌어 갈 수 있으며 이것은 재물의
사용이 있게 되는 것이다. 이와 같이 덕은 근본이 되고, 재물은 말단末端
이 된다.

군주가 가장 근본인 덕을 밝히는 일은 외면하고 가장 말단인 재물과
권력에만 마음을 쓴다면 모든 백성에게 앞 다투어 서로 서로 재물이나
권력에 눈이 멀어 싸우고 빼앗는 빌미를 제공해 나라는 망하게 되는
것이다.

이런 까닭으로 군주가 자신의 호화롭고 사치한 생활만을 위해 재물
을 탐하고 거두어들인다면 백성의 마음은 그에게서 떠나 멀어지게

된다.

군주가 재물을 공정하게 분배하고 덕을 존중한다면 백성은 그를 존경하여 모여든다.

이런 까닭으로 내 입에서 남의 귀에 거슬리는 말이 나가면 남으로부터 돌아오는 말 또한 내 귀에 거슬리는 말로 돌아온다.

재물을 부정한 방법으로 거두어들이면 또한 그 재물은 부정한 방법에 의해 빼앗기는 것이다. 〔이것이 세상의 이치다.〕

강고康誥에 말하였다.

"오직 천명天命은 일정하고 불변하는 것이 아니다."

덕을 근본으로 해 선을 행하면 천명을 얻고 선을 행하지 못하면 천명을 잃게 될 따름이다.

◉ 집주에서 말했다.

"'선근호덕先謹乎德'은 상문上文의 '불가이불신不可以不愼'을 이어서 말한 것이다. 덕은 곧 이른바 명덕明德이다. 유인有人은 득중得衆을 이른다. 유토有土는 득국得國을 이른다. 나라가 있으면 재물의 사용함이 없는 것을 근심하지 않는다.

'덕자본야德者本也 재자말야財者末也'는 위의 문장을 근본해서 말한 것이다.

인군人君이 덕으로써 밖을 삼고 재물로써 안을 삼게 되면 이것은 그의 백성을 다투어 싸우게 하는 것이며 약탈하는 교육을 베푸는 것이다. 대개 재물이란 사람들이 함께 바라는 바이다. 혈구絜矩는 능하지 못하면서 오로지하고자 한다면 백성이 또한 일어나 다투어 빼앗고자 할 것이다.

근본으로써 밖을 삼고 말단으로써 안을 삼는다. 그러므로 재물이 모인다. 백성에게 다투어 빼앗는 것을 베푼다. 그러므로 백성은 흩어진다. 이와 반대로 하면 덕이 있게 되고 사람이 있게 되는 것이다.

패悖는 역逆이다. 이는 말末의 출입으로써 재물의 출입을 밝힌 것이다. '선근호덕先謹乎德' 이하에서부터 '역패이출亦悖而出'에 이르는 것까지는 재화財貨를 따라 혈구絜矩에 능하고 능하지 못한 자의 득실을 밝힌 것이다.

도道는 언言이다. 상문上文을 따라 문왕편의 시의 뜻을 인용해 펴서 말하였다. 그 정녕丁寧하고 반복시킨 뜻이 더욱 깊고 간절하다.”

🌿 先謹乎德 承上文不可不謹而言 德 卽所謂明德 有人 謂得衆 有土 謂得國 有國則不患無財用矣
本上文而言
人君以德爲外 以財爲內則是 爭鬪其民而施之以劫奪之敎也 蓋財者 人 之所同欲 不能絜矩而欲專之則民亦起而爭奪矣
外本內末故 財聚 爭民施奪故 民散 反是則有德而有人矣
悖 逆也 此以言之出入 明貨之出入也 自先謹乎德以下 至此 又因財貨 以明能絜矩與不能者之得失也
道 言也 因上文引文王詩之意而申言之 其丁寧反覆之意 益深切矣

지도자의 본말本末을 밝힌 문장으로 명명덕明明德을 근본으로 삼은 것이다. 모든 것의 근본은 지도자가 먼저 자신의 덕을 밝히는 일을 성실하게 수행하는 일이다. 지도자가 밝은 덕을 밝힘이 이루어지고 백성을 자식같이 사랑하면 백성도 모이고 나라도 부강富强해지고 국토도 넓혀지며 국토를 이용한 생산도 늘어 국고國庫가 튼튼해지고 나라가 발전한다는 것이다.

　이러한 이치를 자각하지 못한 지도자는 명명덕明明德을 외면한 채 재물과 권력에만 집착하여 백성을 착취한다면 재물은 사람들이 모두 갖고 싶어 하는 것이므로 백성 또한 서로 재물을 탐하여 싸우고 약탈하는 데 이르게 될 것이다. 위에서는 위에서대로 아래에서는 아래에서대로 서로 재물에만 눈이 멀어 약탈과 착취를 일삼게 된다면 나라는 어지러워져 마침내는 망하게 된다. 그러므로 지도자가 재물을 모으기에 힘쓰면 백성의 마음이 멀어져 나라는 지탱하기 힘들게 되고 자신의 몸조차 보존하기 어렵게 될 것이지만 지도자가 덕을 닦기에 힘쓴다면 백성은 감화되어 그를 존경하며 모여들어 나라의 발전을 꾀할 수 있다. 아무리 하늘의 명으로 지도자의 자리에 올랐다 하더라도 덕을 쌓는 일은 소홀히 하고 재물만을 탐낸다면 천명은 다시 자신의 명덕을 밝히고 백성을 위해 재물을 사용하고 분배하는 사람에게 돌아가게 해준다는 것이다. 백성의 마음이 떠나 있고 천명 또한 다른 사람에게 내려져 몸이 위태롭게 되고 나라가 망하게 된 지경에 가서 후회한들 무슨 소용이 있겠는가. 지도자나 지도층의 사람은 항상 '재물이 모이면 백성의 마음이 떠나고 재물이 흩어지면 백성이 모인다.'는 말과 '나쁘게 들어온 재물은 나쁘게 나간다.'는 말을 마음속에 새겨두어야 할 것이다.

다. 선善은 나라의 보배이다

초서楚書에 가로되 초나라는 써 보배로 삼을 것이 없고 오직 선善을 써 보배로 삼는다 하였느니라. 구범舅犯이 가로되 망인亡人은 써 보배로 삼을 것이 없고 어버이를 인仁함을 보배로 삼는다 하였느니라. 진서秦誓에 가로되 만일 한낱 신하가 단단斷斷하고 다른 재주가 없으나 그 마음이 휴휴休休한데 그 용납함이 있는 듯한지라 사람의 재주 있음을 자기가 가진 것같이 하며 사람의 언성彦聖을 그 마음에 좋게 여겨 입으로부터 나오는 것 같을 뿐 아니라 진실로 능히 용납한다. 써 능히 우리 자손과 여민黎民을 보호하리니 거의 또한 이로움이 있을 것이다. 사람의 재주 있음을 시기하고 질투하여 써 미워하며 사람의 언성彦聖을 거슬려 하여금 통하지 못하게 하면 진실로 능히 용납하지 못하는 것이라. 써 능히 우리 자손과 여민을 보호하지 못하리니 또한 가로되 위태하도다.

오직 인仁한 사람이어야 방류放流하여 사방 오랑캐에 쫓아 더불어 중국에 함께 하지 못하게 하니 이를 일러 오직 인한 사람이어야 능히 사람을 사랑하며 능히 사람을 미워한다 하느니라.

楚書[1]에 曰 楚國은 無以爲寶[2]오 惟善[3]을 以爲寶라하니라
舅犯[4]이 曰 亡人은 無以爲寶오 仁親[5]을 以爲寶라하니라
秦誓[6]에 曰 若有一介臣이 斷斷兮[7]오 無他技나 其心이 休休[8]焉한대 其如有容焉이라 人之有技를 若己有之하며 人之彦聖[9]을 其心好之 不啻若自其口出이면 寔能容之라 以能保我子孫黎民[10]이니 尙[11]亦有利哉인저 人之有技를 媢[12]疾以惡之하며 人之彦聖을 而違[13]之하여 俾不通이면 寔不

能容이라 以不能保我子孫黎民이니 亦曰殆^{14}哉인져

唯仁人이야 放流^{15}之하여 迸^{16}諸四夷^{17}하여 不與同中國하나니 此謂惟仁
人이야 爲能愛人하며 能惡人이니라

※

1 楚書(초서): 초楚나라의 국어國語. 초나라 사관史官들이 기록한 글. 초나라
  소왕昭王 때의 책.

  ※ 초나라의 대부 왕손어王孫圉가 진晉나라에 사신으로 갔을 때 진나라의
  대부인 조간자趙簡子가 "초나라에는 아직도 이름난 보배인 백형白珩이라는
  패옥佩玉이 있습니까?" 하고 묻자, 왕손어가 "초나라에는 관사보觀射父와
  의상倚相 같은 어진 신하가 있어 임금을 깨우치고 제후들을 허물에서 벗어나
  게 하며 나라와 백성을 보호하고 있으니 이들이 초나라의 보배요, 백형白珩
  같은 패옥들은 선왕先王들의 장난감에 지나지 않습니다. 어찌 그것을 보배라
  할 수 있겠습니까."라고 대답했다 한다.

2 爲寶(위보): 보배로 여기다. 보배로 삼다.

3 善(선): 선인善人, 현인賢人을 말한다.

4 舅犯(구범): 춘추시대春秋時代 진晉나라 문공(文公: 重耳)의 신하이며 외삼촌
  인 호언狐偃. 자字는 자범子犯. 문공이 공자公子 시절 해외로 망명했을 때
  그를 보필하면서 호언이 했던 말로 『예기』 단궁편檀弓篇에 있다.

  ※ 춘추시대 진晉나라 헌공獻公은 서쪽 오랑캐를 정벌하고 여희驪姬라는
  미인을 얻었다. 여희는 해제奚齊·탁자卓子의 두 아들을 낳아 헌공의 총애를
  이용하여 전처소생인 태자 신생申生을 죽이고 해제를 태자로 세웠다. 이에
  신생의 아우인 중이重耳는 화를 피해 호언狐偃과 함께 다른 나라로 망명하여
  19년 동안 여러 나라를 유랑했다. 아버지인 헌공이 죽자 진秦나라 목공穆公이
  사람을 보내 기회를 잃지 말고 귀국하여 왕위에 오를 것을 권했다. 옆에
  있던 구범舅犯이 "공자께서는 거절하십시오. 망명중에 있는 사람에게는 특별
  히 보배로 삼을 것이 없고 오직 부모 사랑함을 보배로 삼아야 합니다."라고
  간하여 말렸다. 이것은 아버지가 돌아가셨으면 슬퍼하는 것이 도리이지

이것을 기회로 자리를 탐내는 것은 옳지 않은 일로 근본을 버리고 말단을 좇는 것이라는 말이다. 후에 중이는 진목공의 도움으로 본국으로 돌아가 제후가 되었고 문공이라 했으며, 구범은 문공의 밑에서 대부가 되어 문공을 도와 춘추오패春秋五霸의 한 사람이 되도록 하였다.

5 仁親(인친) : 어버이를 사랑하다. 인仁은 사랑하다의 뜻으로 애愛와 같다.

6 秦誓(진서) : 『서경書經』 주서周書의 마지막 편에 있다.

7 斷斷兮(단단혜) : 진실한 모습. 한결같게 성실한 모습. 혜兮는 어조사.

8 休休(휴휴) : 너그러운 모양. 도량이 넓어보이는 모양.

9 彦聖(언성) : 뛰어나게 어진 선비. 뛰어나게 덕이 높은 사람. 언彦은 어진 선비. 성聖은 통달하여 밝다는 뜻.

10 黎民(여민) : 일반 백성.

11 尙(상) : 거의 가까운. 근사近似하다.

12 媢(모) : 시기하다.

13 違(위) : 거스르다. 반대하다.

14 殆(태) : 위태롭다. 위험하다.

15 放流(방류) : 쫓아 귀양 보내다. 내쫓다.

16 迸(병) : 물리치다. 추방하다.

17 四夷(사이) : 사방 오랑캐의 나라. 미개한 나라의 뜻.

옛 초楚나라의 글에 말하였다.

"초나라에서는 국가의 보배로 삼을 만한 것이 없다[금金과 옥玉 같은 것으로는 하지 않는다]. 오직 있다면 어진 사람을 보배로 삼을 뿐이다."

또 구범舅犯이 말하였다.

"버림받아 외국으로 망명亡命한 사람에게는 특별히 보배로 삼을 만한 것이 없다. 다만 덕의 근본인, 어버이를 [사랑하는] 인仁하는 것을 보배로 삼아야 한다."

『진서秦誓』에 말하였다.

"만약 한 사람의 신하가 꿋꿋하게 성실하기만 하고 다른 특별한 재주는 없으나 그 마음이 너그러워 다른 사람을 능히 포용할 수 있는 도량이 있는 것 같으면 다른 사람에게 재주가 있는 것을 마치 자신이 지닌 것같이 여겨 질투하거나 시기함 없이 그를 받아들인다. 다른 사람이 뛰어나게 현명하면 그의 가치를 인정하고 마음으로부터 진심으로 좋아하여 단지 입으로만 칭찬하는 것이 아니고 진실로 그것을 받아들여 포용包容하고 능력을 발휘하도록 해준다.

이런 사람이라면 능히 우리의 자손을 보전保全시키고 백성을 안락하게 지낼 수 있도록 할 것이다. 이런 신하야말로 진실로 나라를 위해 크게 유익한 사람이다.

그러나 이와는 다르게 다른 사람에게 재능이 있으면 그를 시기하고 질투하여 미워하며, 다른 사람이 뛰어나게 현명하고 덕이 높으면 자신의 자리를 빼앗기게 될지 모른다는 불안감으로 그의 현명함과 덕을 가리고 거슬려 활용하지 못하게 하는 사람이 있다.

이와 같은 사람은 진실로 남을 포용할 수 없다. 이렇게 남을 포용하지 못하는 소인배는 우리의 자손을 보전하지 못하며 백성을 안락하게 해주지도 못할 것이다. 이런 신하가 있으면 국가에 이롭지 못할 뿐 아니라 오히려 국가의 안위를 위태롭게 할 따름이다."

오직 어진 사람이라야 나라에 이롭지 않고 오히려 나라를 위태롭게 하는 자들을 몰아내 이들을 사방 오랑캐의 나라로 추방하여 같은 나라 안에서 더불어 살지 못하게 할 수 있다.

이런 것을 두고 "어진 사람만이 능히 사람을 사랑할 수 있고 능히 사람을 미워할 수 있다."라고 하는 것이다.

◉ 집주에서 말했다.

"초서楚書는 초어楚語이다. 금이나 옥을 보배로 삼지 않고 선인善人을 보배로 여긴다는 것을 말하였다.

구범舅犯은 진문공(晉文公: 重耳)의 외삼촌 호언狐偃이며, 자字는 자범子犯이다. 망인亡人은 문공文公이 당시에 공자公子가 되어 출망(出 亡: 망명함)하여 밖에 있은 것이다. 인仁은 애愛이다. 일이 『예기』 단궁편檀弓篇에 나와 있다.

이상의 두 구절의 문장은 또 근본을 밖으로 삼고 말단을 안으로 삼지 않았다는 뜻을 밝힌 것이다.

진서秦書는 『서경』의 「주서周書」이다. 단단斷斷은 성일誠一의 모양 이다. 언彦은 아름다운 선비이다. 성聖은 통명通明한 것이다. 상尙은 서기庶幾이다. 모媢는 기忌이다. 위違는 불려拂戾이다. 태殆는 위危이 다. 병迸은 축축逐과 같다. 시기하고 질투하는 사람이 있게 되면 어진 이를 해치고 국가를 병들게 하는데 인인仁人만이 반드시 깊이 미워하고 통렬하게 단절시켜 그 지극히 공정하고 사사로운 것이 없게 한다. 그러므로 능히 좋아하고 미워하는 것의 바른 것을 얻은 것을 이와 같이 할 수 있다는 것을 말한 것이다."

🐜 楚書 楚語 言不寶金玉而寶善人也

舅犯 晋文公舅狐偃 字 子犯 亡人 文公 時爲公子 出亡在外也 仁 愛也
事見檀弓 此兩節 又明不外本而內末之意

秦誓 周書 斷斷 誠一之貌 彦 美士也 聖 通明也 尙 庶幾也 媢 忌也 違
拂戾也 殆 危也

迸猶逐也 言有此媢疾之人 妨賢而病國則仁人 必深惡而痛絶之 以其至
公無私 故 能得好惡之正 如此也

　　국가의 보배는 금은보화가 아니라 선(善: 賢人, 善人)이라는 초나라
의 글은 그 어느 것보다 치국治國의 뜻을 설명하는 데 설득력이 있다.
이것은 지도자의 몸가짐을 설명한 것이기도 하다. 지도자는 혈구絜矩
의 도를 이루어 나가야 하며, 밝은 덕을 밝힌 자만이 모든 금은보화의
재물보다 더 귀중한 보배이다. 이것은 세속적인 부귀영화 같은 것은
보배로 삼을 만한 가치가 없는 것이고, 또 말엽적인 존재에 지나지
않는다는 말로 사람이라면 명심하고 덕을 닦기에 힘써야 한다는 것이
다. 구범이 강조한 '인친仁親'을 보배로 삼는다는 말은 인간 윤리의
기초인 어버이를 잘 모시고 사랑하는 것이야말로 효도의 근본이요,
인仁의 실행이며 명덕明德의 기초라 할 수 있다. 『진서秦誓』를 인용한
것은 백성을 다스리는 지위에 있는 지도자는 재주보다 덕을 우선으로
가져야 한다는 것을 말해 주고 있는 것이다.
　　재주는 말단이며 덕은 근본으로, 덕을 갖춘 포용력의 소중함을
잘 강조해 주고 있다. 인간 사회에서는 흔히 덕행이나 재능이 자신보다
월등한 사람을 시기하고 미워하며 덕행이나 재능이 자신보다 부족한

사람을 좋아한다. 또 자신에게 좋은 약이 될 충언忠言이나 충고는
듣기 싫어하고 감언이설甘言利說의 칭찬에는 마음이 동하여 아첨꾼들
을 자신의 심복으로 삼는다. 이러한 사람이 백성을 다스리는 지위에
오르게 되면 그 나라의 백성은 고달픔을 면하기 어려운 것이다. 또한
이로 인하여 덕이 있고 학식이 많은 인재들은 초야에 숨고 아첨꾼들이
입신출세立身出世 하여 온갖 부정과 부패가 만연하는 사회가 되어
국가의 존립이 위태롭게까지 될 것이다. 국가를 다스리는 것은 가정의
화평을 이룩한 사람에게 있으며, 또 천하를 태평하게 하려면 국가의
번영을 꾀하여야 한다는 것을 제시해 준 문장으로 명덕을 밝혀 평천하
平天下에 이르는 길을 잘 설명해 주고 있다.

라. 인재 등용은 하늘의 명

어진 이를 보고 능히 거擧치 못하며 거하되 능히 먼저 못 함은 명이요,
불선不善한 이를 보고 능히 퇴退치 못하며 퇴치하되 능히 멀리하지
못함은 과실이니라. 사람이 미워하는 바를 좋아하며 사람이 좋아하는
바를 미워하는 이것을 일러 사람의 본성을 거역함이라 하니라. 재앙이
반드시 몸에 미치느니라. 이런 고로 군자는 큰 도가 있으니 반드시
충과 신으로써 얻고 교驕와 태泰로써 잃어버리느니라.

見賢而不能擧[1]하며 擧而不能先[2]이 命也[3]오 見不善而不能退하며 退而
不能遠이 過也니라
好人之所惡하며 惡人之所好를 是謂拂人之性[4]이라 菑[5]必逮夫身[6]이니라
是故로 君子[7] 有大道[8]하니 必忠信[9]以得之하고 驕泰[10]以失之니라

※

1 擧(거): 인재를 발탁하여 등용하는 것.

2 先(선): 우선적으로 등용하여 쓰는 것.

3 命也(명야): 정현鄭玄은 명命을 만慢자로 보아야 한다고 말했다. 정자程子는 명을 태怠자로 고쳐야 한다고 했다. 주자朱子는 두 가지 중 어느 것이 좋을지 모르겠으나 '소홀히 하여 게을리 하다'의 뜻이 있다고 했다.

4 拂人之性(불인지성): 선을 좋아하고 악을 미워하는 인간의 본성에 역행하다. 불拂은 거역하다, 거스르다의 뜻.

5 菑(재): 재앙. 재災의 옛 글자.

6 逮夫身(체부신): 그 몸에 미치다.

7 君子(군자): 덕이 있는 사람을 말하는 것이 아니고 사회적, 정치적으로 지도자의 위치에 있는 사람.

8 大道(대도): 그 지위를 얻어 자신을 닦고 남을 다스리는 방법의 요체를 말한다.

9 忠信(충신): 충忠은 자신의 모든 노력을 기울여 열과 성을 다하는 것이요, 신信은 사물의 이치를 따라 순리대로 하고 거스르는 것이 없는 것을 뜻한다.

10 驕泰(교태): 교驕는 스스로 교만스럽게 하는 것. 태泰는 사치하고 자기 멋에 살며 우쭐하는 사람의 뜻.

어질고 현명한 인재人材가 있는 것을 알면서도 그 인재를 등용登用하여 쓰지 않으며 또는 그 인재를 등용은 했으나 즉시 먼저 쓰지 않고 머뭇거리고 있는 것은 게으름이다.

그가 나쁜 사람이라는 것을 알면서도 물리쳐 관직에서 몰아내는 일을 고치지 않으며 그를 몰아냈다 해도 물리쳐 관계를 완전히 끊지 못하는 것은 하나의 과실이다.

모든 사람이 싫어하는 것을 좋아하며 모든 사람이 좋아하는 바를 싫어하는 반대되는 행동을 하는 이것을 인간의 본성本性을 거역拒逆하는 것이라고 한다. 이러한 행동을 하면 반드시 하늘이 내리는 재앙이 자신의 몸에 미치는 것이다. 이런 까닭으로 다스리는 지위에 있는 군자에게는 큰 도가 있다.

자기 자신의 모든 성의를 다하고 모든 사물의 이치를 따라 거역함이 없이 행동하면 모든 것을 얻고, 교만하고 뽐낸다면 모든 것을 잃게 되는 것이다.

◉ 집주에서 말했다.

"명命은 정씨(鄭氏: 鄭玄)는 '만慢'자가 되어야 마땅하다고 일렀다. 정자程子는 '태怠'자가 되어야 마땅하다고 했다. 누가 옳은지 자세하지 않다. 이와 같은 자는 사랑하고 미워하는 바를 알지만 사랑하고 미워하는 도는 능히 다하지 못한 것이니 아마도 군자로 인仁하지 못한 자이다.

불불拂은 역逆이다. 선을 좋아하고 악을 미워하는 것은 사람의 성性이다. 사람의 본성을 거역하는 데 이르게 되면 불인不仁이 심한 자이다.

진서秦書로부터 이곳에 이르기까지는 또 좋아하고 싫어하며 공적이고 사적私的인 것의 지극한 것을 말하여 펴서 상문上文에 인용한 남산유대편南山有臺篇과 절남산편節南山篇의 시의 뜻을 밝힌 것이다.

군자는 지위로써 말한 것이다. 도는 그의 지위에 거처해 자신을 닦고 남을 다스리는 술術을 이른 것이다. 자신을 발동시켜 스스로를 다하는 것을 충忠이라고 한다. 사물을 따라 어기는 것이 없는 것을 신信이라고 한다. 교驕는 높은 것을 자랑하는 것이다. 태泰는 사치하고

방자한 것이다. 상문上文에 인용한 문왕의 시와 강고康誥의 뜻을 따라
말한 것이며 장 내(章內: 10장 속)에서 세 번의 '득실得失'을 말하여
말이 더욱 절실한 것을 더했다. 대개 이곳에 이르러 천리天理의 존망存亡
의 기미가 이르러 결정된 것이다."

🏵 命 鄭氏云當作慢 程子云當作怠 未詳孰是 若此者 知所愛惡矣而未能
盡愛惡之道 蓋君子而未仁者也
拂 逆也 好善而惡惡 人之性也 至於拂人之性則不仁之甚者也 自秦誓
至此又皆以申言好惡公私之極 以明上文所引南山有臺 節南山之意
君子 以位言之 道 謂居其位而脩己治人之術 發己自盡 爲忠 循物無違
謂信 驕者 矜高 泰者 侈肆 此因上所引文王康誥之意而言 章內三言得失
而語益加切 蓋至此而天理存亡之幾決矣

  세계 평화는 통치자가 혈구지도絜矩之道를 실천하는 데에서 이룩되
는 것을 설명한 것이다. 인인仁人은 사람을 능히 사랑하고 미워할
수 있다고 했다. 이와 같이 위정자爲政者가 인仁하면 능히 사람을
사랑할 줄 알아 어질고 현명한 사람을 알아보고 즉시 등용하여 먼저
국가 발전에 기여하도록 한다. 또한 능히 사람을 미워할 줄 알아
사악邪惡하고 국가를 위태롭게 할 사람을 알아보고 물리쳐 관직에서
파면시키고 모든 인연을 완전히 끊는다. 위정자가 어질고 현명한
인재라는 것을 알면서도 그를 등용하지 않거나 등용하더라도 쓰는
일을 머뭇거리고, 사악한 사람인 줄 알면서도 물리치지 못하고 인연을
완전히 끊지 못하는 것은 모두 명덕을 밝히지 못하고 혈구지도를
쓰지 못하는 것이다. 그렇기에 사랑하고 미워하는 방법을 충분히

옳게 실천하지 못하게 되는 것이며 이러한 사람은 군자(君子: 군주)라
고는 할 수 있을지 모르겠으나 인인仁人은 되지 못하는 것이다. 무릇
선을 좋아하고 악을 미워하는 것은 하늘로부터 부여받은 인간의 본성
이다. 인간으로서 인간의 본성에 순종하지 않고 역행하는 것은 인인仁
人으로서는 할 일이 못 된다.

　인인仁人으로서의 위정자가 되면 백성이 좋아하는 것을 좋아하고
백성이 미워하는 것을 미워하여 정상적인 인간 본성에 순종順從하게
되는 것이다. 그런데 다른 사람의 재능을 시기하고 질투하며 어진
덕을 막고 인간 사회의 도덕에 비추어 좋아해서는 안 될 것을 좋아하고
미워해서는 안 될 것을 미워하는, 정상적인 인간의 본성에 역행하는
짓만을 일삼는 불인不仁한 자는 모든 사람에게 버림을 받지 않는다면
반드시 하늘이 내리는 재앙을 면하지 못할 것이라고 했다. 이와 같이
위정자(군자)에게는 나라와 천하를 다스리는 데 지켜야 할 큰 도리가
있는 것이다. 자신의 명덕明德을 밝히는 일에 성실하고 인간 본성에
순종하며 백성에게 혈구의 도를 펼치는 일에 성심을 다하며 백성의
마음으로부터 믿음을 얻으면 곧 하늘의 명을 얻어 백성을 잘 다스리고
국가를 편안하게 하며 나아가 천하를 태평하게 할 수 있다는 것이다.
그러나 스스로 거만하고 백성을 천시賤視하며 인간 본성에 거역하는
행동을 일삼는다면 나라는 멸망하고 하늘이 내리는 재앙으로 자신도
망하게 된다는 교훈을 주고 있다. 이 장 전체는 '선하면 이를 얻고
악하면 잃는다.'는 것을 설명하고 이것에 대한 결론을 내린 것이다.

마. 재산을 모으는 길이 있다

재물을 생기게 하는 데 큰 도가 있으니 생산하는 자 많고 먹는 자 적으며 만드는 자 빠르고 쓰는 자 느리면 재물은 항상 족足하리라. 인仁한 자는 재물로써 몸을 발發하고 불인不仁한 자는 몸으로써 재물을 발하느니라. 상上이 인을 좋아하고 아래가 의義를 좋아하지 않을 자 있지 않으니 의를 좋아하고 그 일을 마치지 못할 자 있지 않으며 부고府庫의 재물이 그의 재물이 아닌 것이 있지 않느니라.

生財[1] 有大道[2]하니 生之者[3] 衆[4]하고 食之者[5] 寡하며 爲之者 疾하고 用之者 舒하면 則財恒足矣리라

仁者는 以財發[6]身하고 不仁者는 以身發財니라

未有上好仁而下不好義者也니 未有好義오 其事[7]不終者也며 未有府庫[8]財 非其[9]財者也니라

※

1 生財(생재): 재물을 만들다. 재물을 증식시키다. 재물은 국토에서 산출되는 것으로 나라의 세금 징수의 대상이 되는 것.

2 大道(대도): 큰 길. 커다란 방법.

3 生之者(생지자): 재물을 생산하는 사람.

4 衆(중): 많음의 뜻.

5 食之者(식지자): 먹는 사람. 생산은 하지 않고 소비만 하는 사람.

6 發(발): 일어나다. 일으키다. 기起의 뜻. 어진 사람은 재물을 분배하여 민심을 얻는다.

7 其事(기사): 윗사람이 이루고자 하는 사업.

8 府庫(부고): 나라의 재물을 쌓아두는 곳. 국고國庫. 부府는 재물을 모으는

곳. 고庫는 재물을 저장해 두는 건물.
9 其(기): 윗사람. 군주를 가리킨다.

천하를 위해 재물을 산출産出하고 증식增殖하여 국가를 윤택하게
하는 데는 큰 방법이 있다.

모든 백성에게 농지農地나 일거리를 주어서 이로 인하여 생산에
종사하는 사람은 많게 하고 무위도식하는 자는 적도록 하는 것이다.

생산에 종사하는 사람은 부지런히 일하게 하고 쓸데없는 부역負役이
나 징용으로 시간과 힘을 낭비하지 않도록 하고, 재물을 쓰는(소모하
는) 사람은 절약하여 필요한 곳에만 쓰게 한다면 재물은 쌓이고 쌓여
항상 풍족하게 된다.

어진 군주는 재물이 모이면 사사롭게 갖지 않고 공평하게 분배하여
백성들의 생활을 윤택하게 해줌으로써 민심을 얻어 몸을 빛낸다.

어질지 않은 군주는 몸을 망치면서까지 가렴주구苛斂誅求하며 재물
을 일으킨다.

군주가 어진 덕을 베풀고 가렴주구 하는 것이 없으면 그의 아래에서
는 의리를 좇아 그를 따르고 충성하지 않을 사람은 없다.

의리를 좋아하는 사람은 성의를 다해 일하므로 모든 일에 있어
그 일을 끝마치지 못하는 자는 없는 것이다. 그러므로 재물이 자연히
모이게 되어 국가의 창고에 재물이 가득 차게 된다. 이것은 온 백성의
재물이며 이 재물이 국가의 창고에 가득 차고 넉넉하게 되면 군주
또한 부유해지고 국가 또한 부강富强해지는 것이다.

◉ 집주에서 말했다.

"여씨(呂氏: 大臨)는 말하기를 '국가에 놀고먹는 백성이 없게 되면 생산하는 자가 많은 것이며, 조정에 요행으로 자리를 지키는 벼슬아치가 없게 되면 소비하는 자가 적은 것이다. 농사철을 빼앗지 않게 되면 농사를 짓는 것이 신속해지고, 들어오는 것을 헤아려 나가는 것을 위하면 사용하는 것이 넉넉해진다.'라고 했다. 우(愚: 意)는 상고해보니 이것은 '유토유재有土有財'를 따라서 말한 것이며, 국가를 풍족하게 하는 도는 근본에 힘쓰고 절약해서 사용하는 데 있으며 반드시 외본내말外本內末을 하지 않은 뒤에야 재물이 가히 모아지는 것을 밝힌 것이다. 이로부터 종편終篇에 이르기까지는 모두 한 뜻이다.

발發은 기起와 같다. 인자仁者는 재물을 흩어서 백성을 얻고, 불인자不仁者는 자신을 망쳐서 재화를 증식한다.

위에서 인仁을 좋아하고 그의 아래를 사랑하게 되면 아래에서는 의를 좋아하고 그의 위에 충성으로써 한다. 이에 일하는 바는 반드시 유종의 미가 있게 되어 부고(府庫: 창고)의 재물을 거역해서 나가는 근심이 없는 것이다."

呂氏曰 國無遊民則生者 衆矣 朝無幸位則食者 寡矣 不奪農時則爲之疾矣 量入爲出則用之舒矣 愚 按此因有土有財而言 以明足國之道在乎務本而節用 非必外本內末而後 財可聚也 自此 以至終篇 皆一意也
發 猶起也 仁者 散財以得民 不仁者 亡身以殖貨
上好仁 以愛其下則下好義 以忠其上 所以事必有終而府庫之財 無悖出之患也

모든 백성의 안정되고 풍족한 생활과 국가 경제를 윤택하게 하는 방법을 제시하였다. 사람은 대체로 근본인 도덕을 좋아하지만 그보다는 말단인 재물을 더 좋아하며 도덕보다는 재물이 인간 생활에 더욱 절실하게 느껴지기 때문에 인간의 타락墮落이 여기에서부터 시작되는 것이다. 군자는 덕을 존중하고 재물을 멀리하여야 한다. 재물에 대한 욕심으로 눈이 어두워져 덕을 멀리하는 일이 있어서는 안 된다는 것이다. 그러나 인간은 물질을 좋아하며 또한 물질을 떠나서는 한시도 생존할 수 없다. 그러므로 자연의 도리에 맞는 정당한 재물이라면 덕을 갖춘 군자라도 받아들이는 것이다. 한 가정을 꾸려나가는 데에도 재물은 중요한 것이다. 하물며 한 국가를 경영하고 천하를 다스리며 많은 백성을 윤택하게 해주며 이끌어 나가는 일에 있어 재물의 역할은 매우 중요할 수밖에 없다. 지도자가 자기 한 개인만의 부귀영화를 위해 재물을 축적蓄積하고 주지육림酒池肉林에 빠지는 것은 모든 백성의 안정된 생활과 풍요로움을 빼앗아 자신의 사리사욕을 채우는 것이다. 이로 말미암아 국가나 천하는 피폐하게 되는 것이다. 백성이 굶주리고 헐벗고 황폐해진다면 군주 자신도 마침내는 지위를 잃고 나라를 잃고 목숨마저 잃게 된다는 교훈을 주었다.

그러기에 군자는 백성의 안락하고 풍요로운 생활과 국가 경제의 윤택을 도모하는 일에 노력을 게을리 하지 않아야 한다.

백성에게 일자리를 주어 백성 가운데 한 사람이라도 무위도식無爲徒食하는 사람을 줄여가며 생업에 편안히 종사할 수 있도록 도와주어야 하는 것이다. 외적外賊의 침입을 막기 위한 성벽 축조의 부역이나 징병은 필요한 것이기에 어쩔 수 없지만 군주 자신의 사치와 허영을

위한 궁궐 건축이나 놀이를 위해 부역과 징용으로 시간과 기력을
빼앗는 일이 없도록 해야 한다.

그리하여 백성에게 안정된 삶을 누리게 하고 열심히 일하게 한다면
생산은 증대될 것이고, 지도자가 솔선수범하여 검약을 행한다면 백성
도 각자가 절약하여 생활할 것이다. 열심히 일하여 생산을 증대시키고
각자가 스스로 아껴 쓰면 각 개인과 가정의 재물은 물론 국가의 재물도
더욱 불어나 나라 전체가 넉넉해질 것이다. 재물은 모으는 것도 중요하
지만 관리하고 쓰는 일도 중요한 것이다. 포악한 군주는 주지육림,
가렴주구만을 일삼고 부정축재에만 관심을 두고 백성의 생활은 살피지
않아 마침내 자신의 몸을 망치고 나라의 기틀도 위태롭게 만든 일들을
우리는 역사에서 보아 왔다. 반면 어진 군주는 사사로운 개인의 이익을
위한 곳에 마음을 쓰지 않고 공평하게 혈구의 도를 실천하기 때문에
재물을 골고루 분배하여 백성이 모두 윤택하게 생활할 수 있도록
배려해 주어 은혜를 입은 백성의 마음으로부터 위대한 지도자로 추앙
받았다. 지도자가 이처럼 덕을 베풀고 백성을 사랑하며 가렴주구와
착취가 없어야 밑에 있는 사람들이 따르며 의義를 좋아하고 은혜를
느껴 은혜에 보답하고자 하지 않을 자는 없을 것이다. 성심성의를
다해 일하고 감사해 할 것이며 배신이란 있을 수 없으니 사방에서
백성이 사모하여 모여들 것이고 국고에는 재물이 쌓일 것이다. 백성의
생활이 윤택해지고 나라 전체가 부유하게 되며 이것은 군주 또한
부유하고 넉넉해지는 비결인 것이다.

바. 의義로운 것으로 이익을 삼는다

맹헌자 가로되 마승馬乘을 기르는 이는 닭과 돼지를 살피지 않고, 얼음을 잘라 쓰는 집은 소와 양을 치지 않고, 백승의 집은 취렴聚斂하는 신하를 기르지 않나니 그 취렴하는 신하를 두려면 차라리 도신盜臣을 둘지니라 하니라. 이것을 일러 나라는 이로써 이익을 삼지 않고 의로써 이익을 삼음이라 하니라. 국가의 어른이 되어 재물 씀에 힘쓰는 이는 반드시 소인으로부터니 소인으로 하여금 국가를 다스리게 하면 재해가 함께 이르리라. 비록 선한 자가 있어도 또한 어찌할 수 없으리니 이것을 일러 나라는 이로써 이익을 삼지 않고 의로써 이익을 삼는다 하느니라.

孟獻子[1] 曰 畜馬乘[2]은 不察於鷄豚하고 伐氷之家[3]는 不畜牛羊하고 百乘之家[4]는 不畜聚斂之臣[5]하나니 與其有聚斂之臣으론 寧有盜臣[6]이라하니 此謂國은 不以利爲利오 以義爲利也니라
長國家[7]而務財用者는 必自[8]小人矣니 彼爲善之[9]小人之使爲國家면 菑害並至[10]라 雖有善者[11]나 亦無知之何矣니 此謂國은 不以利爲利오 以義爲利也니라

※

1 孟獻子(맹헌자): 춘추시대 노나라의 대부 중손멸仲孫蔑을 말한다. 노나라의 문공文公·선공宣公·성공成公·양공襄公을 섬겨 어진 대부로 명성이 높았다.
2 畜馬乘(축마승): 선비[士]로서 관직에 나아가 처음 대부大夫가 된 사람. 대부가 되면 수레를 사용하므로 수레를 끌 네 필의 말을 기르게 된다.
3 伐氷之家(벌빙지가): 경卿이나 대부大夫 이상의 관리 집안. 옛날 중국에서는 겨울에 얼음을 창고에 저장했다가 여름에 경이나 대부 이상의 벼슬아치 집안에서 상사喪事가 있거나 제사가 있을 때 쓰도록 내주었다.

4 百乘之家(백승지가): 승乘은 병거兵車의 수. 대부는 백승百乘, 제후諸侯는
천승千乘, 천자는 만승萬乘을 거느린다. 1승一乘은 사방 1리一里의 땅에 해당
한다. 백승지가는 100리의 영지를 가진 대부를 말한다.

5 聚斂之臣(취렴지신): 백성을 괴롭혀 세금을 사정없이 많이 거두어들이는
신하.

6 盜臣(도신): 대부의 재물을 도둑질하는 신하. 대부의 창고에서 훔쳐내
자기 것으로 하기에 그 해로움이 윗사람에게 그치고 아래 백성에게까지는
미치지 않는다. 그러므로 피해가 적다.

7 長國家(장국가): 국가의 우두머리가 되다.

8 自(자): 말미암다. 유由와 같은 뜻.

9 彼爲善之(피위선지): 그가 하는 일을 선하게 여기다. 피彼는 소인小人을
가리킨다. 주자朱子는 이 말의 아래 위에 궐문오자闕文誤字가 있을 것이라고
의심했다.

10 菑害並至(재해병지): 재앙과 해악이 함께 이르다. 재菑는 하늘이 내리는
천재天災. 해害는 인해人害로 신하로부터 받는 배반과 민심의 떠나감.

11 善者(선자): 사물의 도리를 터득한 사람을 말한다.

춘추시대 노魯나라의 맹헌자孟獻子가 말하였다.

"수레를 타고 수레를 끄는 마부를 두는 신분(지금의 3급 공무원 이상)
이 된 사람은 닭과 돼지와 같은 짐승을 길러 작은 재물을 탐내는
일을 하지 않는 것이다.

제사 때 얼음〔氷〕을 사용할 수 있는 벼슬(지금의 차관, 장관)을 하는
자는 소와 양 같은 가축을 길러 백성과 이익을 다투는 짓을 하지
않는 것이다.

군주에게 영지領地를 받아 수레 100대를 거출할 수 있는 집안(지금의

국무총리급)에서는 세금을 마구 걷어 들이는 신하를 두지 않는 것이다. 세금을 마구 걷어 들여 백성을 괴롭히는 신하를 두려면 차라리 자신의 재화財貨를 도둑질하는 신하를 두는 것이 좋다."

이것은 '국가는 이익으로써 이로움을 삼지 않고 의로운 것으로써 이로움을 삼는 것'을 말한 것이다.

한 국가의 지도자가 되어 백성을 돌보기보다는 재물을 소비하는 데 힘을 쓰는 것은 반드시 그 지도자의 주위에 소인小人이 신하로 있어서 비롯되는 것이다. 이러한 소인으로 하여금 국가를 맡게 한다면 재앙이나 피해가 함께 이를 것이다.

이러한 지경에 이르면 비록 착한 사람이 옆에 있을지라도 또한 어찌 할 수 없게 되는 것이다.

이러한 것을 일러 '나라에서는 이익으로써 이로움을 삼지 않고 의義로운 것으로써 이로움을 삼아야 한다.'라고 말하는 것이다.

◉ 집주에서 말했다.

"맹헌자孟獻子는 춘추시대春秋時代 노魯나라의 어진 대부인 중손멸仲孫蔑이다. 축마승畜馬乘은 사士가 처음 시험을 거쳐 대부大夫가 된 자이다. 벌빙지가伐氷之家는 경대부卿大夫 이상이며 상례나 제례 때 얼음을 사용할 수 있는 집안이다. 백승지가百乘之家는 채지(采地: 식읍, 봉지)가 있는 자이다. 군자는 차라리 자신의 재물을 없앨지언정 차마 백성의 힘을 손상시키지 못하는 것이다. 그러므로 차라리 도둑질하는 신하를 둘지언정 세금을 가혹하게 징수하는 신하를 기르지 않는다. '차위此謂'

이하는 맹헌자의 말을 해석한 것이다.

피위선지彼爲善之의 이 구句는 위와 아래에 궐문闕文이나 오자誤字가 있는 것으로 의심된다. 자自는 유由이며, 소인으로 말미암아 인도되는 것을 말한 것이다. 이 한 구절은 이利로써 이로운 것을 삼는 피해를 깊게 밝혀서 거듭 말해 결론지었으니 그 정녕丁寧하는 뜻이 간절하다.

이상은 전傳의 10장이며 치국평천하治國平天下를 해석했다.

이 10장의 뜻은, 힘쓰는 것이 백성과 더불어 좋아하고 싫어하는 것을 함께 하고 그의 이로운 것만을 오로지하지 않는 데 있는 것이며 모두 혈구絜矩의 도道의 뜻을 미루어 넓힌 것이다. 능히 이와 같이 한다면 어진 이를 친히 하고 이로운 것을 즐기는 것이 각각 그의 곳을 얻어 천하는 태평해질 것이다.

모두 전傳 10장이며 앞의 4장은 강령의 지취旨趣를 거느려 논했다. 뒤의 6장은 조목條目의 공부를 자세하게 논했다. 그 제5장은 선善을 밝히는 요법要法이다. 제6장은 성신誠身의 근본이다. 처음 배우는 학자는 더욱 마땅히 힘써야 할 급한 것으로 삼아야 한다. 읽는 자는 이를 가까이해서 소홀하게 하지 않아야 할 것이다."

🐛 孟獻子 魯之賢大夫 仲孫蔑也 畜馬乘 士初試爲大夫者也 伐冰之家 卿大夫以上 喪祭用冰者也 百乘之家 有采地者也 君子寧亡己之財 而不 忍傷民之力 故 寧有盜臣而不畜聚斂之臣 此謂以下 釋獻子之言也
彼爲善之 此句上下 疑有闕文誤字
自 由也 言由小人導之也 此一節 深明以利爲利之害 而重言以結之 其丁 寧之意切矣
右 傳之十章 釋治國平天下

此章之義 務在與民同好惡而不專其利 皆推廣絜矩之意也 能如是則親賢
樂利 各得其所而天下平矣
凡傳十章 前四章 統論綱領旨趣 後六章 細論條目工夫 其第五章 乃明
善之要 第六章 乃誠身之本 在初學 尤爲當務之急 讀者 不可以其近而忽
之也

　춘추시대의 어진 정치가인 맹헌자의 말을 인용하여 백성을 다스리는
사람들은 물질적인 재물로써 이익을 삼을 것이 아니라 의義로써 이로움
을 삼아 정치를 해야 백성들도 잘 따른다는 것을 강조하였다.
　일단 벼슬을 얻어 군주로부터 녹을 받아 생활하는 사람은 백성의
세금으로 생을 유지하고 있는 것이다. 그러므로 자기를 길러주는
백성과 이로움을 다투는 것은 백성의 삶의 수단을 빼앗으려는 것과
같은 것이기에 자신에게 이익이 돌아오기는커녕 오히려 자신의 생의
기반마저 흔들리게 되는 것이다. 닭, 돼지, 소, 양 등의 가축을 길러
얻어지는 이익으로 생활하는 것은 백성의 생업이다. 벼슬을 얻기
전에는 가축을 길러 이익을 얻었더라도 벼슬자리에 오르면 그만두어
백성과 이익을 다투는 일이 있어서는 안 된다고 했다. 또한 대부가
되어 따로 신하를 두는 자리에 있게 되면 백성의 고혈膏血을 짜내는
짓을 하는 신하는 없도록 해야 한다. 만약 그런 신하를 둔다면 그의
화禍는 자신에게 미친다는 것을 맹헌자는 말하고 의義로써 이로움을
삼을 것을 더욱 강조하였다.
　국가의 지도자라면 명덕을 밝혀 백성을 잘 돌보아야 할 것이다.
백성의 지도자가 백성을 잘 돌보기보다는 가렴주구苛斂誅求에 치중하

여 백성의 재물을 수탈하는 데만 급급하다면 그 밑에 있는 신하로 소인배만 두었기 때문이다. 지도자가 혼미昏迷하게 되면 소인배가 재물을 거두어들이는 것을 좋게 여길 것이며, 정무를 그에게 맡긴다면 그는 백성을 수탈하고 괴롭게 만들어 자신의 사치를 꾀하게 될 것이다. 그러한 신하를 둔 지도자는 백성의 지지를 잃어 하늘의 재앙을 면하지 못할 것이며 백성의 배신과 원망을 아울러 당할 것이다. 국가가 이러한 위기에 직면한 후에 당황해서 선인善人이나 군자를 등용하여 수습해 보려고 안간힘을 쓴다 해도 이미 백성의 마음에 원한이 맺혀 있기에 도저히 수습하기가 어렵게 된다. 한 국가의 지도자라면 이익에 급급하지 말고 의를 존중하여 도덕정치를 펴야 한다는 것을 강조하고 있다. 이익으로써 이로움을 삼는다면 아래 위가 모두 이익을 추구하여 싸움과 수탈이 끊이지 않을 것이다. 백성 간에는 이익에만 눈이 멀어 미움과 반목이 만연할 것이고, 지도자는 사리사욕에 눈이 멀어 백성의 원성을 사 나라의 존립이 위태로워질 것이다. 의義로써 이로움을 삼는다면 아래 위가 모두 이익보다는 덕을 존중하고 의로움을 따르려 할 것이다. 이에 지도자는 덕을 밝히고 혈구의 도를 베풀어 백성의 삶을 편안하고 윤택하게 해주기 위해 노력할 것이며, 백성들은 서로 사랑하고 의義에 안주하여 지도자를 배반하는 일 없이 생업에 종사할 것이니 나라는 안정되고 발전할 것이며 나아가 천하의 태평에 기여寄與할 것이다.

'이익으로써 이로움을 삼지 말고 의로움으로써 이로움을 삼아야 한다.'는 것을 두 번이나 강조하며 『대학』 전체의 결론을 맺었다.

제 3 편

부록 附錄

1. 유학儒學의 도통연원道統淵源

공자(孔子: B.C. 552~479)

유학儒學의 개조開祖로 일컬어지는 공자의 이름은 구丘이며 자字는 중니仲尼이다.

춘추시대 노魯나라 양공襄公 21년에 당시 노나라의 창평향 추읍(昌平鄕 陬邑: 지금의 山東省 曲阜縣)에서 아버지 숙량흘叔梁紇과 어머니 안징재顔徵在의 사이에서 출생하였다.

어렸을 때부터 학문에 뜻을 두고 학업에 정진하였다. 또 많이 아는 사람이 있으면 어디에 있건 누가 되었건 찾아가 배움을 청하였다.

그러므로 젊은 나이에도 불구하고 박학다식博學多識하였다.

처음에는 회계 출납직인 위리委吏와 목장의 경영직인 사직司職 등의 말단으로 관리생활을 시작하였다.

30대에 주周나라 낙읍洛邑을 방문하여 주나라의 문물文物을 견학하고 귀국하게 되었다. 이때부터 그의 명성과 덕망에 대한 소문이 널리 퍼져 많은 제자들이 모여들었다.

36세 때인 노나라 소공昭公 25년에는 노나라에 삼환(三桓: 孟孫, 叔孫, 季孫의 권력가)의 난이 일어나 제齊나라로 피난하게 되었다.

제나라에 피난해 있으면서 음악을 논하고 제나라 경공景公에게 정명주의正名主義의 이상정치를 역설하였다. 공자의 의견을 들은 경공은 공자를 자신의 고문으로 임용任用하고 공자가 주장하는 것들을 실시하여 이상정치를 실현하려 하였다.

그러나 예절의 번거로움과 비현실적이라는 대부大夫 안영晏嬰의 지적과 진언進言으로 실현의 의지는 좌절되고 말았다.

이에 실망한 공자는 2년 만에 고국인 노나라로 귀국하였다. 귀국 후에 공자는 시詩·서書·예禮·악樂을 연구하여 제자들의 교육에 열중하였다.

노나라의 배신(陪臣: 반역한 신하) 양호陽虎가 세력을 잃고 물러나자 공자는 정공定公에 의해 중도재中都宰에 임명되었다.

다시 대사구(大司寇: 司法大臣)의 자리에 올라 제나라에 빼앗긴 노나라의 땅을 반환받는 공을 세웠다. 이때 난신亂臣인 대부大夫 소정묘少正卯을 죽였다.

또한 삼환씨三桓氏의 세력을 꺾으려 하였으나 실패하였다. 거기에 엎친 데 덮친 격으로 정공이 노나라와 접하고 있는 주위의 여러 나라 제후諸侯들의 음흉한 계략에 속아 음란하고 안락한 생활에 빠져 향락享樂만을 추구하였다.

공자는 그것을 극구 만류하다 서로의 의견대립이 심해져 자신의 뜻을 이루지 못할 것으로 판단하고 자신의 직책을 사임하였다.

그 후 14년 동안이나 여러 제자와 함께 많은 역경을 무릅쓰고 위魏·송宋·조趙·정鄭·진陳·채蔡 등 천하의 여러 나라를 주유하며 인의仁義와 정도正道에 의한 왕도정치王道政治를 실현하여 난세亂世를 구제하려고 노력하였다.

그러나 제후들은 공벌攻伐에만 관심이 있었고 자신의 이익을 챙기는 일과 영토 확장에만 급급하였다. 한 사람의 제후도 공자의 주장에 발맞추어 왕도정치를 실천에 옮겨 백성의 윤택하고 안락한 생활을 위해 힘쓰려 하지 않았다.

공자의 뜻은 또다시 좌절되었고 공자는 다시 노나라 애공哀公 11년에 귀국하였다. 귀국 후 오직 후세를 위한 교육과 저술에만 전념하였다.

시詩·서書·예禮 등을 제정하고 노나라의 역사인『춘추春秋』를 지었으며『주역周易』을 연연하고 그의 효전爻傳을 지었다.

제자들이 3천여 명에 이르렀으며 그중 육예(六禮: 禮·樂·射·御·書·數)를 통달한 자는 72인이었다.

제자 중 뛰어난 제자를 공문孔門의 사과십철四科十哲이라 부른다. 덕행과德行科에 안회顔回·민손閔損·염백우冉伯牛·중궁仲弓, 언어과言語科에 재여宰予·자공子貢, 정사과政事科에 염구(冉求: 子有)·중유(仲由: 子路), 문학과文學科에 자유子游·자하子夏를 말한다. 또한 증자曾子는 뒤늦게 공자의 도통을 이어받았으며, 그밖에 자장子張·유자有子 등이 있다. 〔p.150 '공자의 제자들' 내용 참조〕

공자의 사상은 제자들이 기록한 언행록인『논어』에 들어 있으며『논어』의 그 주요 내용은 '인仁'이라 할 수 있다.

공자의 사상은 공자 당시에는 별 영향을 끼치지 못하다가 증자, 자사(子思: 공자의 손자이며 증자의 제자)를 거쳐 맹자에 이르러 활기를 띠게 되었다. 그 후 한漢나라의 무제武帝 이후부터 중국의 사상계를 지배하기 시작하였으며 중국뿐 아니라 한국, 일본 등지에도 영향을 끼쳤다.

B.C. 479년 노나라의 애공哀公 16년, 74세의 일기로 몰沒하였으며 지금의 중국 산동성山東省 곡부현曲阜縣 북쪽에 공자묘가 전하여 오고 있다. 또 세계 4대 성인 가운데 하나로 일컬어지고 있다.

안자(顔子: B.C. 521~490)

공자의 수제자로 이름은 회回이며 자는 자연子淵이다. 공자와 같은 노나라 사람이다.

아버지는 안무요顔無繇이고, 어머니는 제齊나라 강씨姜氏이다.

공문십철孔門十哲의 한 사람으로 공자 문하의 3천여 제자들 가운데 학덕이 가장 높았고 재질이 뛰어나 공자의 총애를 받는 장래가 촉망되는 제자였다.

집안이 매우 가난하고 불우하였으나 이에 굴하여 괴로워하거나 피하려 하지 않고 받아들여 그 안에서 안빈낙도安貧樂道의 즐거움을 찾았다.

또한 한 번 과오를 저지르면 두 번 다시 같은 과오를 저지르지 않았으며, 잘못된 일인 줄 알면 행하지 않고 무슨 일이 있어도 성내지 않았으며, 3개월 동안 인仁을 어기지 않았다고 공자가 자주 칭찬하였다. 그는 모든 것이 타의 모범이 되었다.

그를 존칭하여 안자顔子라 부르며, 공자 다음으로 성인의 반열에 하여 그를 존중하고 있다.

이렇게 무한한 가능성과 촉망을 한 몸에 지녔던 그는 32세라는 젊은 나이에 요절夭折함으로써 문헌상에 안연, 안회의 이름으로만 올라 있을 뿐 저서는 전해지지 않았다.

증자(曾子: B.C. 505~?)

지극한 노력으로 도道을 얻게 되었다는 증자의 이름은 삼參이며, 자는 자여子輿이다.

노나라의 남무성南武城 사람이며 공자의 제자였던 증점曾點의 아들로 태어나 아버지에게 지극한 효성을 다하였다.

아버지 증점을 봉양하는 데 있어 고기로써 매일 몸을 보양하도록 하고 그 남은 것을 누구를 줄까 물어 아버지의 마음까지 받들어 모셨다.

공자는 자신보다 46세나 아래인 증자가 효도에 능통한 것을 알고 그에게 더욱 가르침을 주어 『효경孝經』을 짓게 했다.

학문에 더욱 정진하여 공자의 유가사상儒家思想의 도통道統을 이었으며 『대학大學』을 저술하여 공자의 인의仁義을 알렸다.

죽기 직전에 노魯나라의 대부大夫 계손씨季孫氏가 준 돗자리를 자신의 신분에 맞지 않는다고 하며 바꿔서 깔고 죽었다는 유명한 일화가 전해진다.

증삼은 노나라에서 죽었으며 그의 제자 자사子思가 증자를 이어 유학의 도통을 이어받았다.

※ 『대학』·『효경』 참조.

자사(子思: B.C. 585~432)

이름은 급伋이다. 이鯉의 아들이며 공자의 손자이고 증자의 제자이다.

공자의 학문을 전하고 『중용中庸』을 지어 성誠을 천지자연의 법칙이라고 주장하여 천인합일天人合一의 철학을 세웠다.

※ 『중용』 참조.

맹자(孟子: B.C. 372경 ~ 289?)

아성亞聖으로 불리는 맹자의 이름은 가軻이며 자는 자여子輿 또는 자거子車이다.

중국 동주東周시대 산동성山東省 추현鄒縣에서 출생했다.

맹자가 태어난 곳은 공자의 출생지인 노나라의 창평향昌平鄕 추읍鄒邑과 아주 가까웠다. 그러므로 공자의 손자인 자사에게 수학하였고 어려서부터 공자를 숭배하여 사숙私淑하였다고도 한다.

일설에는 자사의 문인에게 수업했다고도 한다.

학업을 마친 후 양梁·제齊·송宋·노魯 등의 여러 나라를 주유하며 제후들에게 왕도정치를 개진開陳하였다.

제나라의 선왕宣王, 양나라의 혜왕惠王, 등滕나라의 문공文公에게 정신적인 도움을 주었으나 그들의 실질적인 정치에서는 배척당했다.

공자와 마찬가지로 여러 나라를 주유하다 뜻이 좌절된 맹자는 고국으로 귀국하여 제자인 만장萬章 등과 시詩·서書 및 공자의 뜻을 조술祖述하였다. 그것이 현재 전하여 오는 『맹자孟子』 7편이다.

맹자는 공자의 인仁에 대한 설명을 부연하고 유가儒家의 맥을 이어 유학의 정통을 후세에 전함으로써 후세에 커다란 영향을 끼쳤다.

그의 윤리설 및 왕도정치 사상은 군주시대 정치의 중심사상이었다. 그는 자신의 사상을 인간의 성선설性善說로 발전시켜 인간의 성품은 모두 동일하며 선하다는 것을 주창主唱했다.

※ 『맹자』 참조.

한퇴지(韓退之: 768~824)

이름은 유愈, 자는 퇴지退之이며 당唐나라 창려昌黎 사람이다.

792년 당나라 덕종德宗 8년에 진사에 급제하고, 802년 덕종 18년에 국자사문박사國子四門博士라는 벼슬에 올라 감찰어사, 중서사인中書舍人, 형부, 이부, 병부의 시랑侍郎을 역임하였다.

당송唐宋 팔대가八大家의 한 사람으로 문장의 제1인자이며 그의 최대 업적은 산문 문체의 개혁이었다.

곧, 대구對句와 음조音調를 주로 하는 육조六朝 이래의 사륙병려문四六駢儷文 대신에 자유로이 자신의 생각과 사상을 표현할 수 있는 산문 문체(散文文體: 古文)를 주장하여 직접 실천하는 한편 다른 문인文人들에게도 권하였다.

또 모든 것을 유가儒家 중심으로 피력하였으며 공맹孔孟의 도통을 이어받았다고 자임自任하였다. 또한 불교와 도교를 신랄히 비판하고 공격하였으며 불골표佛骨表도 지었다.

유학의 도통을 중히 여겨 문자의 해석보다 그 사상에 중심을 두었다.

그의 학문은 송宋나라 유학의 발전에 많은 밑거름이 되었으며, 당나라 목종穆宗 4년에 세상을 떴다.

저서로『한창려문집韓昌黎文集』40권,『외집外集』10권,『유문遺文』등이 있다.

주염계(周濂溪: 1017~1073)

이름은 돈실(惇實: 敦實)이며 뒤에 영종英宗의 휘諱를 피하여 돈이敦頤로 개명改名하였다. 자字은 무숙茂叔이고, 염계濂溪는 그의 호號이다.

송宋나라 진종眞宗의 천희天禧 원년(元年: 1017)에 하주賀州 계령桂嶺의 영令을 지낸 주보성周輔成과 정향鄭向의 딸인 정씨鄭氏 사이에서 태어났다.

염계라고 호를 한 것은 아버지의 고향인 호남성湖南省 도현道縣에 흐르는 시내의 이름에서 연유한 것이다.

주염계는 일찍이 아버지를 여의고 어머니를 따라 경사(京師: 지금의 開封)의 용도각학사龍圖閣學士인 외조부 정향鄭向의 집에서 자랐다.

20세가 되어 외조부의 덕택으로 장작감주부(將作監主簿: 종8품의 職事官)의 시험을 치러 인종仁宗 강정康定 원년(1040)에 홍주洪州 분녕현分寧縣 주부主簿로 임명되었다.

28세 때 부사자部使者인 왕규王逵의 추천으로 남안군사리참군(南安軍司理參軍: 송나라의 남안군은 지금의 江西省 南安府를 이른다)이 되었다.

이때 이정자二程子의 부친인 정향程珦은 대리사승大理寺丞이었는데, 정향은 주염계를 비범한 사람으로 보고 여러 가지 시험을 해본 결과 그의 학문이 대단한 것을 알고 벗으로 삼아 자신의 두 아들인 정호(程顥: 호는 明道)·정이(程頤: 호는 伊川)를 그에게 사사師事하도록 하였다. 당시 정호의 나이는 15세, 정이는 14세였다.

다시 주염계는 왕규의 천거로 침주郴州 침현郴縣의 영으로 옮겼다가 계양桂陽의 현령縣令이 되었다. 또 지화至和 원년에 대리사승大理寺丞으로 홍주洪州 남창현南昌縣의 지현知縣이 되었다.

　나이 40세가 된 가우嘉祐 원년에 태자중사太子中舍로 합주合州의 첨판簽判이 되었다. 이어 건주虔州의 통판通判, 광남동로廣南東路의 제점형옥提點刑獄 등을 역임하였다.

　신종神宗 희녕熙寧 3년, 병으로 지남강군知南康軍을 청하여 마침내 이곳으로 퇴관退官하였으며 여산(廬山: 여산의 九江府城 남쪽으로 南康府城의 북쪽 15里쯤 되는 곳)의 아래에 터를 정하였다.

　여기는 주염계의 고향과 비슷한 곳이었다. 구강부성의 북쪽 연화봉蓮花峰에서부터 흘러내리는 시내가 큰 강과 합치는 곳인데, 이 시내를 염계濂溪라 이름하고 여기에 서당書堂을 지어 후학을 양성하였다. 이로 인하여 후학들이 염계 선생이라 불렀다.

　희녕熙寧 6년 6월에 57세의 나이로 이곳에서 세상을 떴다. 영종寧宗 가정嘉定 13년, 시호를 원(元: 선을 주도하고 德을 行하는 것을 元이라고 한다)이라 하였고 이종理宗 순우淳祐 원년에 여남백汝南伯으로 추봉하였다.

　염계 선생이 지은 「애연설愛蓮說」에 그 자신의 맑고 고매한 성격이 잘 나타나 있다.

　저서로는 『태극도설太極圖說』·『역설易說』·『역통易通』 등이 있다.

　『역설』은 주역에 따르는 뜻을 풀이하였고, 『역통』은 경을 떠나 자유롭게 역의 큰 뜻을 논한 것이다.

　후학들이 『주자전서周子全書』를 편찬하여 『주원공집周元公集』 또는 『염계집濂溪集』이라고 불렀다.

　주염계는 관료로서 낮은 지위에 머물렀기 때문에 당시의 신구 양당의 정쟁에는 휩쓸리지 않았다. 외조부인 정향은 높은 지위로 조변趙抃, 여공저呂公著 등의 반왕안석反王安石파의 대관들과 밀접한 것으로 보아

구법당舊法黨과 관계가 있었을 것으로 사료된다.

주염계의 문하에서는 정명도程明道와 정이천程伊川 같은 유명한 제자들이 양성되었으나 그 당시에는 별로 그의 존재가 알려져 있지 않았다.

주염계가 송학宋學의 창시자로서 존경을 받게 된 것은 그의 사후 여러 해가 지나 주희(朱熹: 朱子)에 의해 그의 학설이 밝혀졌기 때문이다.

장횡거(張橫渠: 1020~1077)

이름은 재재載, 자는 자후子厚이며 횡거橫渠는 그의 호號이다.

송宋나라 인종仁宗 때 전중승殿中丞 지배주사知涪州事이었던 장적張迪의 아들로, 진종眞宗 천희天禧 4년(1020)에 봉상미현鳳翔郿縣 횡거진橫渠鎭에서 태어났다.

이름과 자는 『주역周易』 곤괘坤卦 대상大象의 군자이후덕재물君子以厚德載物이란 곳에서 뜻을 취하였다. 횡거라는 호는 사는 마을의 이름을 땄다.

어려서 일찍 부모를 잃은 장횡거는 재주가 비범하고 병사兵事에 관한 일을 꽤 좋아하였다.

여대림(呂大臨: 與叔)이 찬찬撰한 장횡거의 전기를 보면 18세에 범중엄范仲淹에게 글을 올려 만나보게 되었다.

범중엄은 그의 기량器量을 헤아리고 『중용』 읽기를 권하였으며 그 후로 장횡거는 자신을 깨닫고 도道에 뜻을 두게 되었다.

처음에는 도교나 불교에 심취하였으나 허무한 것을 알고 다시 경사京師로 나와 정명도, 정이천과 만났으며 이들을 만나게 된 후에 도교와 불교를 완전히 버렸다고 한다.

가우嘉祐 2년 3월에 정명도와 함께 진사進士에 등과登科하였다.

36세에 처음으로 기주祁州 사법참군司法參軍에 임관되었으며 다시 단주丹州 운암雲巖의 현령으로 옮겼다. 다시 저작좌랑著作佐郎 첨서위주군사판관사簽書渭州軍事判官事로 옮겼다.

지위주知渭州의 채정정蔡挺政은 장횡거를 존경하여 군부軍府의 정정政은 크고 작은 일을 막론하고 모두 장횡거에게 자문하였다.

그 후 장횡거는 궁중의 편찬관에 임명되었다. 그때 왕안석王安石의 신법新法에 반대하여 벼슬을 버리고 낙향하였다. 고향에서는 매일 방에 정좌靜坐하여 독서와 사색을 즐기다 『정몽正蒙』이란 책을 지었다.

희녕熙寧 10년에 다시 대상예원大常禮院이 되었다. 그러나 뜻들이 서로 의합議合되지 않아 다시 벼슬을 버리고 그해 임동객사臨潼客舍에서 58세를 일기로 세상을 떴다.

문인들은 명성중자明誠中子로 시호諡號하기를 바라며 정명도程明道에게 질문하였는데 정명도가 사마광司馬光에게 다시 물으니 옛 예절에 맞지 않는다고 하여 중지되었다.

그 후 영종寧宗 가정嘉定 14년 위료옹魏了翁이 상주上奏하여 16년 정월에 드디어 결정을 보았다. 이종理宗 순우淳祐 원년에 '미백郿伯'이라고 추봉追封되었다.

그 후 장재張載의 문인들은 스승을 횡거橫渠 선생이라 칭하였다.

저서에는 『정몽正蒙』, 『역설易說』, 『경학리굴經學理窟』, 『어록語錄』 등이 있는데 후인들은 이것을 『장자전서張子全書』로 편찬하였다.

정명도(程明道: 1032~1086)

정명도의 이름은 호顥, 자는 백순伯淳이고 명도는 그의 호號이다.

호와 순은 본래 크다[太]는 뜻이 들어 있다. 동생 정이천程伊川이 지은 명도 선생의 행장行狀에는 "그의 선조는 주周나라의 대사마大司馬를 지낸 교백喬伯으로 정程의 땅에 봉해졌는데 그것이 마침내 성씨姓氏로 변하였다."고 했다.

고조高祖인 정우程羽는 송나라 태종太宗 때 공이 있었고, 증조曾祖부터 하남이천河南伊川에 모시어 마침내 하남 사람이 되었다.

정명도는 송나라 인종仁宗 명도明道 원년에 태어났다. 태어나면서부터 비범하고 재주가 있어 4, 5세 때에 시서詩書을 암송暗誦하고 10세에 시詩을 지었다고 했다.

인종仁宗 가우嘉祐 2년 3월, 26세에 진사시進士試에 급제하였다.

그해의 지공거(知貢擧: 省의 試의 고시관)는 구양수歐陽修이었으며, 장재張載·주광정朱光庭·소식蘇軾·소철蘇轍·증공曾鞏 등이 등제登第하였다.

가우嘉祐 4년 정명도는 운현(鄠縣: 陝西, 西安府 鄠縣)의 주부主簿로 임명받고 6년에는 강녕부江寧府 상원현上元縣의 주부로 있으면서 많은 치적을 쌓았다. 가우 8년에 인종이 붕어하고 황태자 서曙가 즉위하였으니 그가 곧 영종英宗이다.

다음해 치평治平 원년에 상원현上元縣의 주부를 그만두고 자주磁州로 갔다. 그때 부친인 태중공太中公은 지자주사知磁州事였다.

그 다음해에 정명도는 진성晉城의 영슈으로 임명되었다. 송나라시대의 택주澤州 진성은 하동로河東路에 속하였으며 오늘의 산서성山西省

진성현晉城縣이다.

당시의 하북河北과 하동河東 땅은 거란[遼]의 경계와 접하고 있었으므로 인종의 강정康定 이래 백성 가운데 힘 있는 청년들을 입대시켜 의용義勇으로 각 주에 파견하는 상태였다.

정명도는 진성에 부임한 이래 농한기에는 청년들을 훈련시켰기 때문에 진성의 의병들은 정예병사로 강해졌다. 진성에 재직하기 3년, 신종神宗 희녕熙寧 2년(1068) 여공저呂公著의 추천으로 태자중윤太子中允 감찰어사이행監察御史裏行으로 임명되었다.

이에 재직하는 동안 많은 것을 상소上疏하였으며 상소한 것은 정책에 반영되었다.

처음에 신종의 인정을 받아 왕안석王安石의 신법당新法黨에 속하였으나 뒤에는 반대파인 구법당舊法黨으로 돌아섰다.

부친인 태중공太中公이 촉蜀에서 귀조歸朝한 후 한가롭게 지내면서 10여 년 간 아우인 정이천과 함께 집에서 후학을 교육하였다.

원풍元豊 8년 6월 정명도는 병으로 세상을 뜨니 그의 나이 54세였다.

영종寧宗 가정嘉定 13년에 시호를 순純이라 하였고, 이종理宗 순우淳祐 원년에 하남백河南伯으로 추봉되었다.

명도 선생이라는 칭호는 문언박文彦博이 묘표墓表에 '대송명도선생정군백순지묘大宋明道先生程君伯淳之墓'라고 쓴 것으로부터 시작되었다. 이 뜻은 성인聖人의 도를 명도가 뒤에 밝혔다는 뜻에서 연유한 것이라고 한다.

저서에는 『정성서定性書』와 『식인편識仁篇』 등이 있다.

정이천(程伊川: 1033~1107)

정이천의 이름은 이이頤, 자는 정숙正叔이요, 이천은 그의 호號이다.

이름과 자는 『주역』이괘단전頤卦彖傳에 '이정길 양정즉길야頤貞吉 養正則吉也'라고 하는 곳에서 뜻을 취하였으며, 호는 자신의 고향 이름을 취하였다.

형인 정명도와 한 살 차이인 정이천은 소년시절부터 주돈이(周敦頤: 周濂溪)에게서 수학하고 다시 수도인 개봉開封의 태학太學으로 들어가 위대한 교육자로 알려진 당시의 호원胡瑗에게서 사사師事했다.

황우皇祐 4년 호원은 국자감직강國子監直講으로 교육의 주도권을 잡았다. 이때 「안자소호하학론顔子所好何學論」의 제목으로 모든 학생이 글을 지었는데 호원은 정이천이 쓴 글에 감탄하고 그를 불러 그의 넓은 학문을 칭찬하였다.

그 후 정이천은 진사를 받는 예부시禮部試에 합격하였으나 가우嘉祐 4년 정시廷試에 낙방한 뒤로 다시는 응시하지 않았다.

그때 정이천의 낙방이 타당치 않다고 한 소식蘇軾의 원우元祐 3년 3월의 차자箚子는 당시 사회에서 너무도 유명하였다.

원풍元豐 8년 3월에 철종哲宗이 즉위하는데 철종의 나이 10세였다. 이때 황태후를 태황태후太皇太后로 높였으며 황태후가 수렴청정하게 되었다.

그해 9월 문하시랑 사마광門下侍郎司馬光, 상서좌승 여공저尙書左丞呂公著, 서경유수 한강西京留守韓絳 등이 차자箚子를 같이 올려 정이천을 추천하였다.

그해 11월에 조정에 들어가 여주단련추궁汝州團練推宮, 서경국자감교

수西京國子監教授를 임명받아 시강侍講이란 명예로운 자리에 올라 많은
제자를 거느리게 되었다.

성품이 강직한 정이천은 옳은 말을 거리낌 없이 하여 많은 적을 만들
었다.

그때 당시의 문장가인 소식蘇軾은 한림원翰林院에서 명성을 떨치고
있었는데 소식은 도학자道學者를 싫어하여 정이천과 반목대립하게 되었
다. 이로부터 낙당洛黨·촉당蜀黨으로 분파되었다.

원우元祐 5년 정월에 부친인 태중공太中公의 상喪으로 관직에서 물러
났다가 7년 3월 탈상하고 서경국자감으로 다시 복귀하였다.

원우 8년 9월에 태황태후가 붕어하고 철종이 친히 정사를 맡게 되었
다. 당시 소성紹聖 4년 2월 당쟁이 다시 일어나 정이천은 쫓겨나고
7월에 배주涪州로 유배되었다. 유배 당시에도 사방에서 여러 제자가
모여들었다.

원부元符 3년 정월에 철종이 붕어하고 황제의 동생인 길佶이 휘종徽宗
으로 즉위하고 그해 4월 대사령을 내려 정이천도 낙양洛陽으로 돌아와
10월에 권판서경국자감에 복직되었다.

그 익년 건중정국建中靖國 원년 5월에 퇴직하니 그의 나이 69세였다.

퇴직 후에도 계속 교육에 힘썼으며 대관大觀 원년 9월 집에서 세상을
떴는데 그때 정이천의 나이는 75세였다.

영종寧宗 가정嘉定 13년에 시호를 '정正'이라고 하였고, 신종神宗 순우
淳祐 원년에 이양백伊陽伯으로 추봉되었다.

태어난 곳이 하남河南의 이천伊川이므로 이천 선생이라 불렀다.

형인 정명도의 성격은 봄바람과 같이 온화한 데 비하여 정이천은
근엄하기가 가을의 서리 같다고 하였다.

송나라 도학(道學: 儒學)의 기풍은 주돈이를 시조로 정이천에 의하여 자리가 잡혔다고 볼 수 있다.

주희는 정명도·정이천 형제를 매우 존경했으며 자신의 스승으로 삼고 있지만 정이천에게서 더 많은 영향을 받았다고 볼 수 있다.

정이천의 저서로는 『역전易傳』 4권, 『문집文集』, 『경설經說』, 『유서遺書』, 『외서外書』, 『수언粹言』 등이 있다. 또 정이천 사상의 특색은 '이理'에 있다고 하겠다.

주희(朱熹: 1130~1200)

자는 원회元晦·중회仲晦이고, 호는 회암晦庵이며 회옹晦翁·운곡산인雲谷山人이라는 호칭도 가지고 있다.

부친은 당시의 시인詩人으로 알려진 주송지朱松之이며, 송나라 고종高宗 건염建炎 4년(1130) 9월 15일 복건성福建省 남검南劍 우어尤漁에서 태어났다. 본래는 안휘성安徽省 무원婺源 사람이라고 하나 이는 선친의 고향이라고 한다.

주희의 아버지는 도학을 공부한 이상주의 사상가였다. 그러므로 아버지의 유언에 따라 주희도 도학을 공부하게 되었다.

5세부터 공부를 시작하여 8세에 『효경』을 공부하였으며, 10세에 『맹자』를 보았다.

14세에 부친이 세상을 떠나자 호원중胡原中, 유언충劉彦沖, 유치중劉致中 등을 스승으로 모시고 공부를 하였다.

19세 때 왕좌방王佐榜 진사에 급제하여 복건福建, 광서廣西, 점강漸江, 호남湖南 등지의 지방관리를 지냈다.

47세에 내직內職인 비서성秘書省 비서랑秘書郞이 되었으나 도중에 사직하고 오로지 교육에 전념하였다.

말년인 65세가 되어 영종寧宗 때 환장각대제換章閣待制와 시강侍講에 임명되어 태학에서 강의를 하였다.

그것도 얼마 안 되어 권신權臣인 한니주韓侂冑의 미움을 사 면직되었는데, 그들은 주희를 비롯한 도학자道學者들을 위학자僞學者라고 규정하고 모두 관직에서 내쫓았으며 저술著述의 배포도 금지시켰다.

이것이 저 유명한 경원위학慶元僞學의 금禁이다. 주희의 나이 67세

때였다.

주희는 50여 년 간 벼슬자리에 있기는 했지만 거의 전부가 한직에만 있었다. 이 때문에 학문수양과 교육에 힘쓸 수 있었다.

운곡雲谷에 초당草堂을 짓고 47세 때 회암晦庵이라 호하여 주희를 회암 선생이라 부르게 되었다.

또 유명한 백록동서원白鹿洞書院을 세워 49세 때에는 많은 인재를 양성하였다.

71세인 3월 9일에 세상을 떴으며 11월 건양현建陽縣 당석리唐石里 대림곡大林谷에 장사를 지냈다. 후학들이 그를 추존하여 주자朱子라고 하였다.

저서로는『역경易經의 본의와 계몽』·『저괘고오蓍卦考誤』·『시집전詩集傳』·『대학』·『중용의 주석註釋』·『논어論語』·『맹자의 집주集註』·『태극도太極圖』·『통서서록通書書錄의 해석解釋』·『초사楚辭의 집주集註와 변증辨證』 그리고 『한문고이韓文考異』가 있다.

또 편찬서로는『논어와 맹자의 집의集義』·『맹자지요孟子指要』·『중용지요中庸指要』·『중용집략中庸集略』·『효경간오孝經刊誤』·『소학小學』·『통감강목通鑑綱目』·『본조명신언행록本朝名臣言行錄』·『고금가제례古今家祭禮』·『하남정씨유서河南程氏遺書』·『이락연원록伊洛淵源錄』 등이 있으며 이 모두 세상에 널리 알려져 있다.

특히『근사록』은 주희의 나이 46세(1175년 4월) 때 동래東萊의 여공백 공呂公伯恭이 찾아와 함께 엮었다고 말했다.

이 많은 저서 중에서도『논어』·『맹자』·『중용』·『대학』인 사서四書는 특별히 심혈을 기울였다.

『대학』과『논어』는 별세 직전까지도 수차에 걸쳐 정정을 거듭하였다.

또『대학』의 격물치지格物致知를 보충한 한 장은 주희의 마지막 작품이라
할 수 있다.

2. 공자孔子의 제자들

공자에게 수업을 받고 달통한 제자들은 총 77명으로 이들은 다 뛰어난 선비였다.

　덕행德行에 뛰어난 제자: 안연顔淵, 민자건閔子騫, 염백우冉伯牛, 중궁仲弓

　정사政事에 뛰어난 제자: 염유冉有, 계로季路

　언어言語에 뛰어난 제자: 재아宰我, 자공子貢

　문학文學에 뛰어난 제자: 자유子游, 자하子夏

　이들을 공자 문하의 10철十哲이라고 한다.

※ 사師는 편벽되고 삼參은 노둔하고 시柴는 어리석고 유由는 거칠고 회回는
　너무 가난하고 사賜는 재물을 늘리는 명命을 받지 못했는데 예측하면
　적중했다.

공자 제자들의 봉작封爵·칭호稱號

1 **안회**顏回: 자字는 자연子淵. 노魯나라 사람이며 연국복성공兗國復聖公에 봉해졌다.

2 **증삼**曾參: 자는 자여子輿. 노나라 무성武城 사람. 성국종성공郕國宗聖公에 봉해졌다.

3 **민손**閔損: 자는 자건子騫. 노나라 사람. 비공費公에 봉해졌다.

4 **염옹**冉雍: 자는 중궁仲弓. 노나라 사람. 설공薛公에 봉해졌다.

5 **단목사**端木賜: 자는 자공子貢. 위衛나라 사람. 여공黎公에 봉해졌다.

6 **중유**仲由: 자는 자로子路. 변卞땅 사람. 위공衛公에 봉해졌다.

7 **복상**卜商: 자는 자하子夏. 위衛나라 사람. 위공魏公에 봉해졌다.

8 **염경**冉耕: 자는 백우伯牛. 노나라 사람. 운공鄆公에 봉해졌다.

9 **재여**宰予: 자는 자아子我. 노나라 사람. 제공齊公에 봉해졌다.

10 **염구**冉求: 자는 자유子有. 노나라 사람. 서공徐公에 봉해졌다.

11 **언언**言偃: 자는 자유子游. 오吳나라 사람. 오공吳公에 봉해졌다.

12 **전손사**顓孫師: 자는 자장子張. 진陳나라 사람. 진공陳公에 봉해졌다.

13 **담대멸명**澹臺滅明: 자는 자우子羽. 무성武城 사람. 금향후金鄉侯에 봉해졌다.

14 **남궁괄**南宮适: 자는 자용子容. 노나라 사람. 여양후汝陽侯에 봉해졌다.

15 **원헌**原憲: 자는 자사子思. 송宋나라 사람. 임성후任城侯에 봉해졌다.

16 **증점**曾點: 자는 자석子晳. 노나라 무성武城 사람. 채무후菜蕪侯에 봉해졌다. 증삼의 아버지이다.

17 **상구**商瞿: 자는 자목子木. 노나라 사람. 매창후湏昌侯에 봉해졌다.

18 칠조개漆雕開: 자는 자개子開. 채蔡나라 사람. 평여후平輿侯에 봉해
졌다.

19 사마경司馬耕: 자는 자우子牛. 송나라 사람. 수양후睢陽侯에 봉해졌다.

20 유약有若: 자는 자유子有. 노나라 사람. 평음후平陰侯에 봉해졌다.

21 무마시巫馬施: 자는 자기子期. 노나라 사람. 동아후東阿侯에 봉해졌다.

22 안신顏辛: 자는 자류子柳. 노나라 사람. 양곡후陽穀侯에 봉해졌다.

23 조휼曹邺: 자는 자순子循. 채나라 사람. 상채후上蔡侯에 봉해졌다.

24 공손룡公孫龍: 자는 자석子石. 위(衛: 일설에는 楚라 함)나라 사람.
지강후枝江侯에 봉해졌다.

25 진조秦祖: 자는 자남子南. 진秦나라 사람. 견성후鄄城侯에 봉해졌다.

26 안고顏高: 자는 자교子驕. 노나라 사람. 뇌택후雷澤侯에 봉해졌다.

27 양사적壤駟赤: 자는 자도子徒. 진秦나라 사람. 상규후上邽侯에 봉해
졌다.

28 석작촉石作蜀: 자는 자명子明. 진秦나라 사람. 성기후成紀侯에 봉해
졌다.

29 공하수公夏首: 자는 자승子乘. 노나라 사람. 거평후鉅平侯에 봉해졌다.

30 후처后處: 자는 자리子里. 제齊나라 사람. 교동후膠東侯에 봉해졌다.

31 해용점奚容點: 자는 자석子晳. 노나라 사람. 제양후濟陽侯에 봉해졌다.

32 안조顏祖: 자는 자양子襄. 노나라 사람. 부양후富陽侯에 봉해졌다.

33 구정강句井强: 자는 자야子野. 위衛나라 사람. 부양후滏陽侯에 봉해
졌다.

34 진상秦商: 자는 자비子조. 노나라 사람. 풍익후馮翊侯에 봉해졌다.

35 공조구자公祖句玆: 자는 자지子之. 노나라 사람으로 즉묵후卽墨侯에

봉해졌다.

36 **현성**縣成: 자는 자기子祺. 노나라 사람. 무성후武城侯에 봉해졌다.

37 **연급**燕伋: 자는 자사子思. 진秦나라 사람. 견원후汧源侯에 봉해졌다.

38 **안지복**顔之僕: 자는 자숙子叔. 노나라 사람. 완구후宛句侯에 봉해졌다.

39 **악해**樂欬: 자는 자성子聲. 건성후建成侯에 봉해졌다.

40 **안하**顔何: 자는 자염子冉. 노나라 사람. 당읍후棠邑侯에 봉해졌다.

41 **적흑**狄黑: 자는 철지哲之. 위衛나라 사람. 임려후林慮侯에 봉해졌다.

42 **공충**孔忠: 자는 자멸子蔑. 노나라 사람. 운성후鄆城侯에 봉해졌다. 공자 형의 아들이다.

43 **공서점**公西蒧: 자는 자상子尙. 노나라 사람. 서성후徐城侯에 봉해졌다.

44 **시지상**施之常: 자는 자항子恒. 노나라 사람. 임복후臨濮侯에 봉해졌다.

45 **진비**秦非: 자는 자지子之. 노나라 사람. 화정후華亭侯에 봉해졌다.

46 **신정**申棖: 자는 자속子續. 노나라 사람. 문등후文登侯에 봉해졌다.

47 **안쾌**顔噲: 자는 자성子聲. 노나라 사람. 제음후濟陰侯에 봉해졌다.

48 **복부제**宓不齊: 자는 자천子賤. 노나라 사람. 단보후單父侯에 봉해졌다.

49 **공야장**公冶長: 자는 자장子長. 제나라 사람. 고밀후高密侯에 봉해졌다.

50 **공탁애**公柝哀: 자는 계차季次. 제나라 사람. 북해후北海侯에 봉해졌다.

51 **안무요**顔無繇: 자는 계로季路. 안회顔回의 아버지. 기국후杞國侯에 봉해졌다.

52 **고시**高柴: 자는 자고子羔. 위衛나라 사람. 공성후共城侯에 봉해졌다.

53 **공백료**公伯寮: 자는 자주子周. 노나라 사람. 수장후壽張侯에 봉해졌다.

54 **번수**樊須: 자는 자지子遲. 노나라 사람. 익도후益都侯에 봉해졌다.

55 공서적公西赤: 자는 자화子華. 노나라 사람. 거야후鉅野侯에 봉해졌다.

56 양전梁鱣: 자는 숙어叔魚. 제나라 사람. 천승후千乘侯에 봉해졌다.

57 염유冉孺: 자는 자로子魯. 노나라 사람. 임소후臨沂侯에 봉해졌다.

58 백건伯虔: 자는 자탁子柝. 노나라 사람. 목양후沐陽侯에 봉해졌다.

59 염계冉季: 자는 자산子産. 노나라 사람. 제성후諸城侯에 봉해졌다.

60 칠조차漆雕哆: 자는 자렴子斂. 노나라 사람. 복양후濮陽侯에 봉해졌다.

61 칠조도漆雕徒: 자는 자문子文. 노나라 사람. 고원후高苑侯에 봉해졌다.

62 유택酉澤: 자는 자계子季. 노나라 사람. 추평후鄒平侯에 봉해졌다.

63 임부제任不齊: 자는 자선子選. 초楚나라 사람. 당양후當陽侯에 봉해졌다.

64 공량유公良孺: 자는 자정子正. 진陳나라 사람. 모평후牟平侯에 봉해졌다.

65 진염秦冉: 자는 자개子開. 채나라 사람. 신식후新息侯에 봉해졌다.

66 공견구公堅芝: 자는 자중子中. 노나라 사람. 양보후梁父侯에 봉해졌다.

67 교단鄡單: 자는 자가子家. 요성후聊城侯에 봉해졌다.

68 한보흑罕父黑: 자는 자색子索. 기향후祈鄕侯에 봉해졌다.

69 신당申黨: 자는 자주子周. 임천후臨川侯에 봉해졌다.

70 영기榮旂: 자는 자기子祺. 노나라 사람. 염차후猒次侯에 봉해졌다.

71 좌인영左人郢: 자는 자행子行. 노나라 사람. 남화후南華侯에 봉해졌다.

72 정국鄭國: 자는 자도子徒. 노나라 사람. 구산후胸山侯에 봉해졌다.

73 원항原亢: 자는 자적子籍. 악평후樂平侯에 봉해졌다.

74 염결廉潔: 자는 자용子庸. 위衛나라 사람. 조성후胙城侯에 봉해졌다.

75 **숙중회**叔仲會: 자는 자기子期. 노나라 사람. 박평후박博平侯에 봉해
졌다.

76 **규병**邽巽: 자는 자렴子斂. 노나라 사람. 고당후高唐侯에 봉해졌다.

77 **공서여**公西輿: 자는 자상子上. 노나라 사람. 임구후臨朐侯에 봉해졌다.

78 **진항**陳亢: 자는 자금子禽. 진陳나라 사람. 남돈후南頓侯에 봉해졌다.

79 **금장**琴張: 자는 자개子開. 위衛나라 사람. 평양후平陽侯에 봉해졌다.

80 **보숙승**步叔乘: 자는 자거子車. 제나라 사람. 박창후博昌侯에 봉해졌다.

3. 중국유학 도통원류도中國儒學道統源流圖

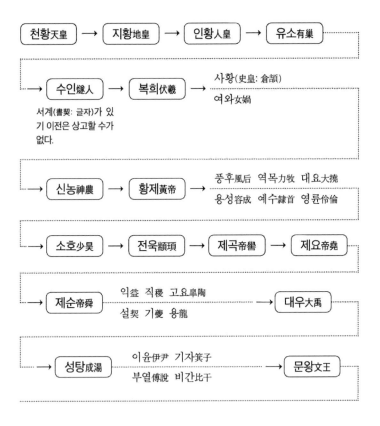

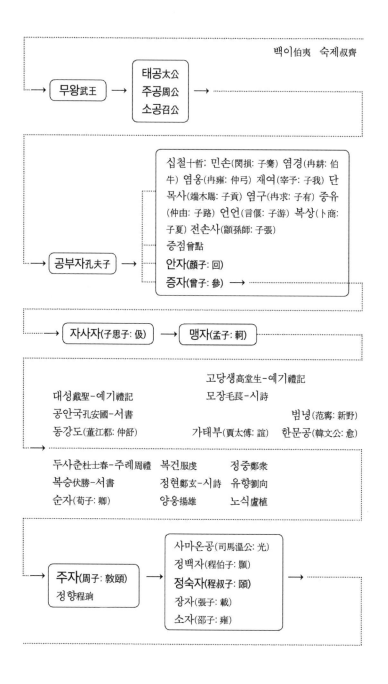

백이伯夷　숙제叔齊

무왕武王 → 태공太公 / 주공周公 / 소공召公 →

공부자孔夫子 →
십철十哲: 민손(閔損: 子騫) 염경(冉耕: 伯牛) 염옹(冉雍: 仲弓) 재여(宰予: 子我) 단목사(端木賜: 子貢) 염구(冉求: 子有) 중유(仲由: 子路) 언언(言偃: 子游) 복상(卜商: 子夏) 전손사(顓孫師: 子張)
증점曾點
안자(顔子: 回)
증자(曾子: 參) →

자사자(子思子: 伋) → 맹자(孟子: 軻)

고당생高堂生-예기禮記
대성戴聖-예기禮記　　모장毛萇-시詩
공안국孔安國-서書　　　　　　　범녕(范甯: 新野)
동강도(董江都: 仲舒)　가태부(賈太傅: 誼)　한문공(韓文公: 愈)

두사춘杜士春-주례周禮　복건服虔　　정중鄭衆
복승伏勝-서書　　정현鄭玄-시詩　유향劉向
순자(荀子: 卿)　　양웅揚雄　　노식盧植

주자(周子: 敦頤) / 정향程珦 →
사마온공(司馬溫公: 光)
정백자(程伯子: 顥)
정숙자(程叔子: 頤)
장자(張子: 載)
소자(邵子: 雍) →

158

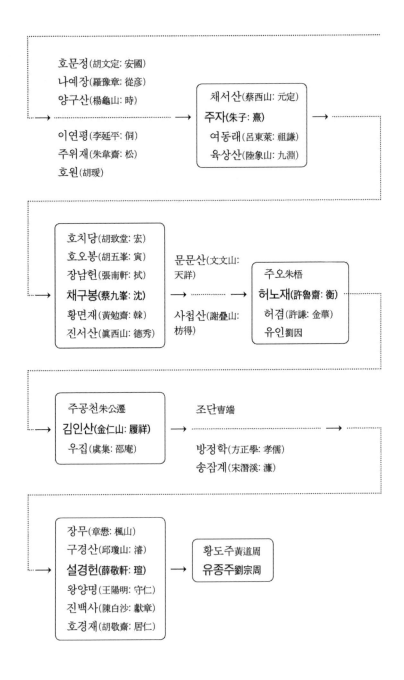

호문정(胡文定: 安國)
나예장(羅豫章: 從彦)
양구산(楊龜山: 時)

이연평(李延平: 侗)
주위재(朱韋齋: 松)
호원(胡瑗)

채서산(蔡西山: 元定)
주자(朱子: 熹)
여동래(呂東萊: 祖謙)
육상산(陸象山: 九淵)

호치당(胡致堂: 宏)
호오봉(胡五峯: 寅)
장남헌(張南軒: 拭)
채구봉(蔡九峯: 沈)
황면재(黃勉齋: 榦)
진서산(眞西山: 德秀)

문문산(文文山: 天祥)

사첩산(謝疊山: 枋得)

주오朱梧
허노재(許魯齋: 衡)
허겸(許謙: 金華)
유인劉因

주공천朱公遷
김인산(金仁山: 履祥)
우집(虞集: 邵庵)

조단曹端

방정학(方正學: 孝儒)
송잠계(宋潛溪: 濂)

장무(章懋: 楓山)
구경산(邱瓊山: 濬)
설경헌(薛敬軒: 瑄)
왕양명(王陽明: 守仁)
진백사(陳白沙: 獻章)
호경재(胡敬齋: 居仁)

황도주黃道周
유종주劉宗周

4. 동방 성학 원류도東方聖學源流圖

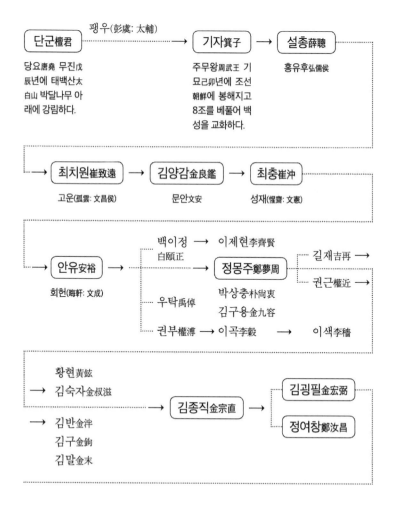

단군檀君
당요唐堯 무진戊辰년에 태백산太白山 박달나무 아래에 강림하다.

팽우(彭虞: 太輔)

기자箕子
주무왕周武王 기묘己卯년에 조선朝鮮에 봉해지고 8조를 베풀어 백성을 교화하다.

설총薛聰
홍유후弘儒侯

최치원崔致遠
고운(孤雲: 文昌侯)

김양감金良鑑
문안文安

최충崔沖
성재(惺齋: 文憲)

안유安裕
회헌(晦軒: 文成)

백이정白頤正 → 이제현李齊賢

우탁禹倬

권부權溥 → 이곡李穀

정몽주鄭夢周
박상충朴尙衷
김구용金九容

이색李穡

길재吉再 →

권근權近 →

황현黃鉉
김숙자金叔滋

김반金泮
김구金鉤
김말金末

김종직金宗直

김굉필金宏弼

정여창鄭汝昌

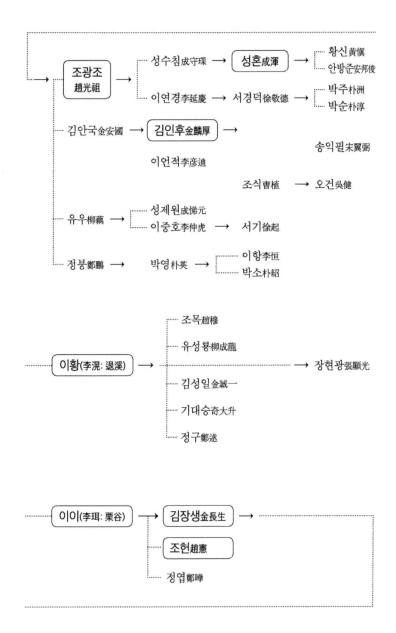

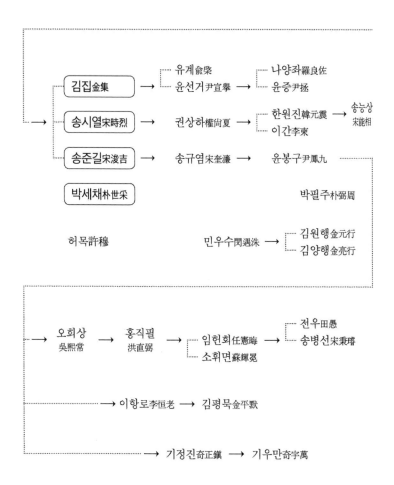

5. 조선조 문형(朝鮮朝文衡: 大提學)

변계량卞季良: 1369~1430. 고려 말기·조선 초기의 학자. 자는 거경巨卿
이고, 호는 춘정春亭이다. 본관은 밀양이다. 대제학을 20여 년 동안
지냈다. 벼슬은 전교, 주부注簿 등을 지냈다. 시호는 문숙文肅이다.

정역鄭易: ?~1425. 자는 순지順之이고, 호는 백정栢亭이다. 세종 때
사람으로 본관은 해주海州이다. 찬성贊成, 대제학 등을 역임하였다.
시호는 정도貞度이다.

윤회尹淮: 1380~1436. 자는 청경淸卿이고, 호는 청향당淸香堂이다.
본관은 무송茂松이다. 벼슬은 전서典書에 이르렀다. 시호는 문도文度
이다.

권제權踶: 1387~1455. 자는 중안仲安이고, 호는 지재止齋이다. 본관은
안동安東이다. 관직은 찬성贊成에 이르렀다. 시호는 문경文景이다.

정인지鄭麟趾: 1396~1478. 자는 백휴伯睢이고, 호는 학이재學易齋이다.
병자丙子생이며, 본관은 하동河東이다. 영의정을 지냈다. 시호는 문성
文成이다.

신숙주申叔舟: 1417~1475. 자는 범옹泛翁이고, 호는 보한재保閑齋이다.
정유丁酉생이고, 본관은 고령高靈이다. 벼슬은 영의정까지 올랐다.
시호는 문충文忠이다.

최항崔恒: 1409~1474. 자는 정부貞夫이고, 호는 태허정太虛亭이다. 을축乙丑생이며, 본관은 삭녕朔寧이다. 벼슬은 영의정에 이르렀다. 시호는 문정文靖이다.

어세겸魚世謙: 1430~1500. 자는 자익子益이고, 호는 서천西川이다. 경술庚戌생이며, 본관은 함종咸從이다. 벼슬은 좌상左相에 올랐다. 시호는 문정文貞이다. 임금에게 지팡이까지 하사받았다.

서거정徐居正: 1420~1488. 자는 강중剛中이고, 호는 사가정四佳亭이다. 본관은 달성達城이다. 벼슬은 찬성贊成에 올랐다. 시호는 문충文忠이다.

홍귀달洪貴達: 1438~1504. 자는 겸선兼善이고, 호는 함허정涵虛亭이다. 본관은 남양南陽이다. 벼슬은 이조판서에 올랐다. 시호는 문광文匡이다.

성현成俔: 1439~1504. 자는 경숙磬叔이고, 호는 용재慵齋이다. 본관은 창녕昌寧이다. 예조판서, 공조판서 겸 대제학을 지냈다. 시호는 문대文戴이다.

김감金勘: 1466~1509. 자는 자헌子獻이고, 호는 선동仙洞이다. 본관은 연안延安이다. 벼슬은 병조판서에 올랐다. 시호는 문경文敬이다.

신용개申用漑: 1463~1519. 자는 개지漑之이고, 호는 이요정二樂亭이다. 계미癸未생이며, 본관은 고령이고, 신숙주의 손자이다. 벼슬은 좌상左相에 이르렀다. 시호는 문경文景이다.

남곤南袞: 1471~1527. 자는 사화士華이고, 호는 지정止亭이다. 신묘辛卯생이며, 본관은 의령宜寧이다. 영의정을 지냈다.

이행李荇: 1478~1534. 자는 택지擇之이고, 호는 용재容齋이다. 무술戊

戌생이고, 본관은 덕수德水이다. 시호는 문헌文憲이다. 저서에 문집
『용재집容齋集』이 있다.

김안로金安老: 1481~1553. 자는 이숙頤叔이고, 호는 희락당希樂堂이다.
신축辛丑생이며, 본관은 연안이다. 우상(右相: 우의정)까지 올랐다.

소세양蘇世讓: 1486~1562. 자는 언겸彦謙이고, 호는 양곡陽谷이다.
본관은 진주晋州이다. 벼슬은 찬성에 올랐다. 시호는 문정文靖이다.

김안국金安國: 1478~1543. 자는 국경國卿이고, 호는 모재慕齋이다.
본관은 의성義城이다. 예조판서, 대제학 등을 지냈다. 시호는 문경文敬
이다.

성세창成世昌: 1481~1548. 자는 번중蕃仲이고, 호는 돈재遯齋이다.
신축辛丑생이며, 본관은 창녕昌寧이다. 좌상(좌의정)을 지냈다. 시호
는 문장文莊이다.

정사룡鄭士龍: 1491~1570. 자는 운경雲卿이고, 호는 호음湖陰이다.
본관은 동래東萊이다.

홍섬洪暹: 1504~1585. 자는 퇴지退之이고, 호는 인재忍齋이다. 본관은
남양南陽이다. 홍언필洪彦弼의 아들로 영의정을 지냈다. 시호는 경헌
景憲이다.

정유길鄭惟吉: 1515~1588. 자는 길원吉元이고, 호는 임당林塘이며 을해
乙亥생이다. 정광필鄭光弼의 손자이며 좌의정을 지냈다.

이황李滉: 1501~1570. 자는 경호景浩이고, 호는 퇴계退溪이다. 본관은
진보眞寶이다. 벼슬은 찬성에 올랐다. 시호는 문순文純이다. 정주程朱
의 성리학 체계를 집대성하여 이기이원론理氣二元論, 사칠론四七論을
주장하였다. 저서에 『퇴계전서退溪全書』 등이 있다.

박충원朴忠元: 1507~1581. 자는 중초仲初이고, 호는 낙촌駱村이다.
본관은 밀양이다. 벼슬은 이조판서에 올랐다. 시호는 문경文景이다.

박순朴純: ?~1402. 자는 화숙和叔이고, 호는 사암思菴이다. 계미癸未생
이며, 본관은 충주이다. 벼슬은 영의정에 올랐다. 시호는 문충文忠
이다.

노수신盧守愼: 1515~1590. 자는 과회寡悔이고, 호는 소재蘇齋이다.
본관은 광주光州이다. 벼슬은 영의정에 올랐다. 시호는 문의文懿이다.
임금에게 지팡이를 하사받았다.

김귀영金貴榮: 1520~1593. 자는 현경顯卿이고, 호는 동원東園이다.
경진庚辰생이며, 본관은 상주이다. 부제학, 대제학 등을 거쳐 우의정
에 올랐다.

이이李珥: 1536~1584. 자는 숙헌叔獻이고, 호는 율곡栗谷이다. 본관은
덕수德水이다. 병조판서, 우찬성을 지냈다. 시호는 문성文成이다.
서경덕의 학설을 이어받아 주기론을 발전시켜 이황의 주리적主理的
이기설과 대립하였다. 저서에 『율곡전서栗谷全書』, 『성학집요聖學輯
要』 등이 있다.

이산해李山海: 1539~1609. 자는 여수汝受이고, 호는 아계鵝溪이다.
기해己亥생이며, 본관은 한산韓山이다. 영의정까지 올랐다. 시호는
문충文忠이다.

유성룡柳成龍: 1542~1607. 자는 이견而見이고, 호는 서애西崖이다.
임인壬寅생이며, 본관은 풍천豊川이다. 대사헌 등을 거쳐 영의정을
지냈다. 시호는 문충文忠이다.

이양원李陽元: 1533~1592. 자는 백춘伯春이고, 호는 노저鷺渚이다.

본관은 전주全州이다. 벼슬은 영의정에 올랐다. 시호는 문헌文憲이다.

황정욱黃廷彧: 1532~1607. 자는 경문景文이고, 호는 지천芝川이다. 본관은 장수長水이다. 벼슬은 이조판서에 올랐다. 시호는 문정文貞이다.

이덕형李德馨: 1561~1613. 자는 명보明甫이고, 호는 한음漢陰이다. 신유辛酉생이며, 본관은 광주廣州이다. 이극균李克均의 5세손으로 벼슬은 영의정에 올랐다. 시호는 문익文翼이다.

홍성민洪聖民: 1536~1594. 자는 시가時可이고, 호는 졸옹拙翁이다. 본관은 남양南陽이다. 예조판서, 대사헌, 대제학 등을 지냈다. 시호는 문정文貞이다.

윤근수尹根壽: 1537~1616. 자는 자고子固이고, 호는 월정月汀이다. 본관은 해평海平이다. 시호는 문정文貞이다. 중국 명나라와의 외교를 담당하여 국난 극복에 힘썼다.

이항복李恒福: 1556~1618. 자는 자상子常이고, 호는 백사白沙이다. 병진丙辰생이며, 본관은 경주이다. 벼슬은 영의정에 이르렀다. 시호는 문충文忠이다.

심희수沈喜壽: 1548~1622. 자는 백구伯懼이고, 호는 일송一松이다. 무신戊申생이며, 본관은 청송이다. 심연沈連의 종손從孫이고 관직은 우의정에 이르렀으며 시호는 문정文貞이다.

이정구李廷龜: 1564~1635. 자는 성징聖徵이고, 호는 월사月沙이다. 갑자甲子생이며, 본관은 연안延安이다. 벼슬은 좌의정에 이르렀으며 시호는 문충文忠이다.

이호민李好閔: 1553~1634. 자는 효언孝彦이고, 호는 오봉五峯이다.

본관은 연안延安이다. 벼슬은 찬성에 이르렀다. 시호는 문희文僖이다.

유근柳根: 1549~1627. 자는 회부晦夫이고, 호는 서경西坰이다. 본관은
진주이다. 벼슬은 찬성에 올랐다. 시호는 문정文靖이다.

신흠申欽: 1566~1628. 자는 경숙敬叔이고, 호는 상촌象村이다. 병인丙
寅생이며, 본관은 평산平山이다. 벼슬은 영의정에 올랐다. 시호는
문정文貞이다. 인조 묘정에 배향되었다.

정경세鄭經世: 1563~1633. 자는 경임景任이고, 호는 우복愚伏이다.
본관은 진주晉州이다. 벼슬은 이조판서 겸 대제학에 올랐다. 시호는
문장文莊이다.

김류金瑬: 1571~1648. 자는 관옥冠玉이고, 호는 북저北渚이다. 신미辛
未생이며, 본관은 순천이다. 벼슬은 이조판서, 좌의정을 거쳐 영의정
에 올랐다. 시호는 문충文忠이다.

홍서봉洪瑞鳳: 1572~1645. 자는 휘세輝世이고, 호는 학곡鶴谷이다.
임신壬申생이며, 본관은 남양이다. 벼슬은 영의정에 올랐다. 시호는
문정文靖이다.

장유張維: 1587~1638. 자는 지국持國이고, 호는 계곡谿谷이다. 정해丁
亥생이며, 본관은 덕수德水이다. 벼슬은 우의정에 올랐다. 시호는
문충文忠이다.

최명길崔鳴吉: 1586~1647. 자는 자겸子謙이고, 호는 지천遲川이다.
병술丙戌생이며, 본관은 전주全州이다. 벼슬은 영의정에 올랐다. 시호
는 문충文忠이다.

김상헌金尙憲: 1570~1652. 자는 숙도叔度이고, 호는 청음淸陰이다.
경오庚午생이며, 본관은 안동이고 김상용金尙容의 동생이다. 벼슬은

좌의정에 올랐다. 시호는 문정文正이다.

이경석李景奭: 1595~1671. 자는 상보尚輔이고, 호는 백헌白軒이다. 을미乙未생이며, 본관은 전주이다. 벼슬은 영의정에 올랐다. 시호는 문충文忠이다.

이식李植: 1584~1647. 자는 여고汝固이고, 호는 택당澤堂이다. 본관은 덕수이고, 이행李荇의 현손玄孫이다. 벼슬은 이조참판, 예조판서 등을 지냈다. 시호는 문정文靖이다.

정홍명鄭弘溟: 1582~1650. 자는 자용子容이고, 호는 기암畸菴이다. 본관은 연일延日이며, 정철鄭澈의 아들이다. 벼슬은 대제학에 이르렀고 시호는 문정文貞이다.

이명한李明漢: 1595~1645. 자는 천장天章이고, 호는 백주白洲이다. 본관은 연안이며, 이정구李廷龜의 아들이다. 벼슬은 예조판서에 올랐다. 시호는 문정文靖이다.

조석윤趙錫胤: 1605~1654. 자는 윤지胤之이고, 호는 낙정재樂靜齋이다. 본관은 배천白川이다. 벼슬은 대사간, 이조참판 등을 지냈다. 시호는 문효文孝이다.

조경趙絅: 1586~1669. 자는 일장日章이고, 호는 용주龍洲이다. 본관은 한양이다. 벼슬은 대제학, 이조판서를 지냈다. 시호는 문간文簡이다.

채유후蔡裕後: 1599~1660. 자는 백창伯昌이고, 호는 호주湖州이다. 본관은 평강平康이다. 벼슬은 이조판서에 이르렀다. 시호는 문혜文惠이다.

윤순지尹順之: 1591~1666. 자는 낙천樂天이고, 호는 행명涬溟이다. 본관은 해평海平이다. 윤근수尹根壽의 종손從孫이다. 벼슬은 공조판서에 이르렀다.

이일상李一相: 1612~1666. 자는 함경咸卿이고, 호는 청호靑湖이다. 본관은 연안이며, 이명한李明漢의 아들로 3대 대제학大提學에 이른 집안이다. 벼슬은 예조판서에 이르렀다. 시호는 문숙文肅이다.

김익희金益熙: 1610~1656. 자는 중문仲文이고, 호는 창주滄洲이다. 본관은 광산光山이다. 벼슬은 형조판서를 거쳐 대제학에 이르렀다. 시호는 문정文貞이다.

김수항金壽恒: 1629~1689. 자는 구지久之이고, 호는 문곡文谷이다. 기사己巳생이며, 본관은 안동이고, 김상헌金尙憲의 손자이다. 벼슬은 영의정에 이르렀다. 시호는 문충文忠이다.

조복양趙復陽: 1609~1671. 자는 중초仲初이고, 호는 송곡松谷이다. 본관은 풍양豊壤이다. 벼슬은 예조판서에 올랐다. 시호는 문간文簡이다.

김만기金萬基: 1633~1687. 자는 영숙永淑이고, 호는 서석瑞石이다. 김장생의 증손이며, 친동생이 『구운몽』의 작가 김만중이다. 본관은 광산이다. 벼슬은 영돈령부사, 대제학을 지냈고 시호는 문충文忠이다.

이단하李端夏: 1625~1689. 자는 계주季周이고, 호는 외재畏齋이다. 을축乙丑생이며, 본관은 덕수이며, 이행李荇의 5세손이다. 벼슬은 좌의정에 이르렀다. 시호는 문충文忠이다.

민점閔點: 1614~1680. 자는 성여聖與이고, 호는 쌍오雙梧이다. 본관은 여흥이다. 벼슬은 찬성에 올랐다.

이민서李敏敍: 1633~1688. 자는 이중彝仲이고, 호는 서하西河이다.

본관은 전주全州이다. 벼슬은 이조판서에 올랐다. 시호는 문간文簡
이다.

김석주金錫胄: 1634~1684. 자는 사백斯百이고, 호는 식암息庵이다.
갑술甲戌생이며, 본관은 청풍淸風이다. 벼슬은 우의정에 올랐다. 시호
는 문충文忠이다.

김만중金萬重: 1637~1692. 자는 중숙重叔이고, 호는 서포西浦이다.
김만기金萬基의 동생. 벼슬은 공조판서, 홍문관 대제학을 지냈다.
시호는 문효文孝이다.

남구만南九萬: 1629~1711. 자는 운로雲路이고, 호는 약천藥泉이다.
기사己巳생이며, 본관은 의령이다. 벼슬은 영의정에 올랐다. 시호는
문충文忠이다. 나라의 사당에 배향되었다.

민암閔黯: 1636~1694. 자는 장유長孺이고, 호는 차호叉湖이다. 정축丁
丑생이며, 본관은 여흥이다. 벼슬은 우의정에 올랐다.

남용익南龍翼: 1628~1692. 자는 운경雲卿이고, 호는 호곡壺谷이다.
본관은 의령宜寧이다. 이조판서 등을 지냈다. 시호는 문헌文憲이다.

박태상朴泰尙: 1636~1696. 자는 사행士行이고, 호는 만휴당萬休堂이다.
본관은 번남藩南이다. 이조판서를 지냈다. 시호는 문효文孝이다.

권유權愈: 1633~1704. 자는 퇴보退甫이고, 호는 하계霞溪이다. 본관은
안동이다. 대사간, 대제학 등을 지냈다.

오도일吳道一: 1645~1703. 자는 관지貫之이고, 호는 서파西坡이다.
본관은 해주海州이며, 조복양趙復陽의 사위이다. 벼슬은 대제학 등을
거쳐 병조판서에 올랐다.

최석정崔錫鼎: 1646~1715. 자는 여화汝和이고, 호는 명곡明谷이다. 본관은 전주全州이다. 신사辛巳생이며, 최명길崔鳴吉의 손자이다. 벼슬은 영의정에 올랐다. 시호는 문정文貞이다. 나라의 사당에 배향되었다.

서종태徐宗泰: 1652~1719. 자는 군망君望이고, 호는 만정晩靜이다. 본관은 달성達城이다. 임진壬辰생이며, 이문중李文重의 조카이다. 벼슬은 영의정에 올랐다. 시호는 문효文孝이다.

이여李畬: 1645~1718. 자는 자삼子三·치보治甫이고, 호는 수곡睡谷이다. 기유己酉생이며, 이단하의 조카이다. 벼슬은 영의정에 올랐다. 시호는 문경文敬이다.

송상기宋相琦: 1657~1723. 자는 옥여玉汝이고, 호는 옥오재玉吾齋이다. 본관은 은진恩津이다. 이조판서, 예조판서, 판돈령부사 등을 지냈다. 시호는 문정文貞이다.

최규서崔奎瑞: 1650~1735. 자는 문숙文叔이고, 호는 소릉少陵이다. 병술丙戌생이고, 본관은 해주海州이다. 벼슬은 영의정에 이르렀다. 시호는 충정忠貞이다.

이인엽李寅燁: 1656~1710. 자는 계장季章이고, 호는 회와晦窩이다. 본관은 경주慶州이다. 이조판서를 지냈다.

김창협金昌協: 1651~1708. 자는 중화仲和이고, 호는 농암農巖이다. 본관은 안동이고, 김수항金壽恒의 아들이다. 집의執義, 대사성을 지냈다. 시호는 문간文簡이다.

강현姜鋧: 1650~1733. 자는 자정子精이고, 호는 백각白閣이다. 본관은 진주이다. 벼슬은 대제학, 한성부판윤, 좌참찬을 지냈다. 시호는 문안文安이다.

김진규金鎭圭: 1658~1716. 자는 달보達甫이고, 호는 죽천竹泉이다.
본관은 광산이고, 김만기金萬基의 아들이다. 예조판서, 공조판서,
좌참찬을 지냈다. 시호는 문청文淸이다.

이관명李觀命: 1661~1733. 자는 자빈子賓이고, 호는 병산屛山이다.
본관 전주全州이다. 신축辛丑생이며, 이민서李敏敍의 아들이다. 벼슬
은 좌의정에 올랐다. 시호는 문정文靖이다.

김유金楺: 1653~1719. 자는 사직士直이고, 호는 검재儉齋이다. 본관은
청풍淸風이다. 벼슬은 이조참판 겸 양관兩館대제학에 이르렀다. 시호
는 문경文敬이다.

이광좌李光佐: 1674~1740. 자는 상보尙輔이고, 호는 운곡雲谷이다.
본관은 경주慶州이다. 갑인甲寅생이며, 이항복의 현손玄孫이다. 벼슬
은 영의정에 올랐다.

조태억趙泰億: 1675~1728. 자는 대년大年이고, 호는 겸재謙齋이다.
을묘乙卯생이며, 본관은 양주楊州이다. 벼슬은 좌의정에 이르렀다.
시호는 문충文忠이다.

이병상李秉常: 1676~1748. 자는 여오汝五이고, 호는 삼산三山이다.
본관은 한산韓山이고, 서종태徐宗泰의 사위이다. 벼슬은 공조판서,
판돈령부사에 이르렀다. 시호는 문정文靖이다.

이재李縡: 1680~1746. 자는 희경熙卿이고, 호는 도암陶庵이다. 본관은
우봉牛峰이다. 벼슬은 대사헌, 이조참판을 거쳐 좌참찬에 이르렀다.
시호는 문정文正이다.

윤순尹淳: 1680~1741. 자는 중화仲和이고, 호는 백하白下이다. 본관은

해평海平이다. 대제학 등을 거쳐 공조·예조 판서에 이르렀다.

이의현李宜顯: 1669~1745. 자는 덕재德哉이고, 호는 도곡陶谷이다. 기유己酉생이고, 본관은 용인龍仁이다. 벼슬은 영의정에 올랐다. 시호는 문간文簡이다.

이진망李眞望: 1672~1737. 자는 구숙久叔이고, 호는 도운陶雲이다. 본관은 전주全州이다. 이경석李景奭의 증손이다. 벼슬은 대제학을 지내고 좌참찬으로 빈객을 겸했으며 중추부지사를 지냈다.

조문명趙文命: 1680~1732. 자는 숙장叔章이고, 호는 학암鶴巖이다. 경신庚申생이며, 본관은 풍양豊壤이다. 벼슬은 좌의정에 올랐다. 시호는 문충文忠이다.

오원吳瑗: 1700~1740. 자는 백옥白玉이고, 호는 월곡月谷이다. 본관은 해주海州이며, 김창협金昌協의 외손이다. 벼슬은 공조참판에 이르렀다. 시호는 문목文穆이다.

이덕수李德壽: 1673~1744. 자는 인로仁老이고, 호는 서당西堂이다. 본관은 전의全義이다. 문장이 출중하여 홍문관과 예문관의 관직에 여러 차례 올랐으며, 이조판서 등을 지냈다.

조관빈趙觀彬: 1691~1757. 자는 국보國甫이고, 호는 회헌悔軒이다. 본관은 양주楊州이다. 벼슬은 중추부지사에 올랐다. 시호는 문간文簡이다.

이광덕李匡德: 1690~1748. 자는 성뢰聖賴이고, 호는 관양冠陽이다. 본관은 전주이며 이진망李眞望의 아들이다. 대제학 등을 지냈다.

윤봉조尹鳳朝: 1680~1761. 자는 명숙鳴叔이고, 호는 포암圃巖이며 본관은 파평坡平이다. 판돈령부사, 대제학을 지냈다.

김상성金尙星: 1703~1755. 자는 사정士精이고, 호는 도계陶溪이다. 본관은 강릉江陵이다. 이조판서를 지냈다. 시호는 문헌文憲이다.

이천보李天輔: 1698~1761. 자는 의숙宜叔이고, 호는 진암晉庵이다. 본관은 연안延安이다. 무인戊寅생이며, 이정구李廷龜의 5세손이다. 벼슬은 영의정에 이르렀다. 시호는 문간文簡이다.

정휘량鄭翬良: 1706~1762. 자는 사서士瑞이고, 호는 남애南崖이다. 병술丙戌생이며, 본관은 연일延日이다. 벼슬은 좌의정에 올랐다. 시호는 문헌文憲이다.

남유용南有容: 1698~1773. 자는 덕재德哉이고, 호는 뇌연雷淵이다. 본관은 의령이고, 남용익南龍翼의 증손이다. 대제학, 예조참판, 대사헌 등을 지냈다. 시호는 문청文淸이다.

이정보李鼎輔: 1693~1766. 자는 사수士受이고, 호는 삼주三洲이다. 본관은 연안이며, 이일상李一相의 증손이다. 이조판서, 예조판서 등을 지냈다. 시호는 문간文簡이다.

김양택金陽澤: 1712~1777. 자는 사서士舒이고, 호는 건암健庵이다. 본관은 광산이다. 임진壬辰생이며, 김장생金長生의 5세손이다. 벼슬은 영의정에 올랐다. 시호는 문간文簡이다.

황경원黃景源: 1709~1787. 자는 대경大卿이고, 호는 강한유로江漢遺老이다. 본관은 장수長水이고, 황정욱黃廷彧의 8세손이다. 대제학, 공조판서 등을 지냈다. 시호는 문경文景이다.

정실鄭宲: 1701~1776. 자는 공화公華이고, 호는 염재念齋이다. 본관은 연일延日이다. 벼슬은 이조판서에 올랐다. 시호는 문정文靖이다.

이복원李福源: 1719~1792. 자는 수지綏之이고, 호는 쌍계雙溪이다.

본관은 연안延安이다. 기해己亥생이고, 이정구의 6세손이다. 형조판서, 우의정 등을 지냈다. 시호는 문정文靖이다.

서명응徐命膺: 1716~1787. 자는 군수君受이고, 호는 담옹澹翁이다. 본관은 대구大邱이며, 서종태의 종제從弟이다. 벼슬은 이조판서, 홍문관 대제학, 수어사를 지냈다. 시호는 문정文靖이다.

이휘지李徽之: 1715~1785. 자는 미경美卿이고, 호는 노포老圃이다. 본관은 전주이다. 을미乙未생이며, 이관명李觀命의 아들이다. 벼슬은 우의정에 올랐다. 시호는 문헌文憲이다.

홍낙순洪樂純: 1723~?. 자는 백효伯孝이고, 호는 대릉大陵이다. 계묘癸卯생이며, 본관은 풍산豊山이고, 홍봉한洪鳳漢의 재종조카이다. 벼슬은 좌의정에 올랐다. 시호는 문헌文憲이다.

김종수金鍾秀: 1728~1799. 자는 정부定夫이고, 호는 몽오夢梧이다. 무신戊申생이며, 본관은 청풍이다. 벼슬은 대제학, 좌의정 등을 지냈다. 시호는 문충文忠이다.

오재순吳載純: 1727~1792. 자는 문경文卿이고, 호는 순암醇庵이다. 본관은 해주이고, 오원吳瑗의 아들이다. 벼슬은 판중추부사에 이르렀다. 시호는 문정文靖이다.

홍양호洪良浩: 1724~1802. 자는 한사漢師이고, 호는 이계耳溪이다. 본관은 풍산豊山이다. 이조판서, 홍문관·예문관 양관兩館의 대제학 등을 지냈다. 시호는 문헌文獻이다.

서유신徐有臣: 1735~1800. 자는 순오舜五이다. 서종태徐宗泰의 증손이다. 벼슬은 대제학, 대사헌을 거쳐 봉하奉朝賀에 올랐다. 시호는 문정文貞이다.

이만수李晚秀: 1752~1820. 자는 성중成仲이고, 호는 극옹屐翁이다.
본관은 연안延安이며, 이복원李福源의 아들이다. 벼슬은 호조판서를
거쳐 평안도 관찰사에 이르렀다. 시호는 문헌文憲이다.

주희(朱熹: 1130~1200)

중국 송나라의 유학자. 주자학을 집대성했다.

자는 원회元晦·중회仲晦이고, 호는 회암晦庵이며 회옹晦翁·운곡산인雲谷山人이라는 호칭도 가지고 있다.

71세에 세상을 떴으며, 후학들이 그를 추존하여 주자朱子라고 했다.

주요 저서에 『시집전詩集傳』, 『한문고이韓文考異』, 『사서집주四書集註』, 『고금가제례古今家祭禮』, 『이락연원록伊洛淵源錄』, 『근사록近思錄』 등이 있다.

이준영李俊寧

동양문화사상연구소 소장.

어릴 때부터 노사蘆沙 학맥인 일재逸齋 정홍채鄭弘采 선생 문하[月山書堂]에서 경전經典을 배우고 연구했다. 자는 도문道文, 호는 지한止漢이다.

해역서로 『시경詩經』, 『십팔사략十八史略』, 『주역周易』, 『묵자墨子』, 『중용中庸』, 『주례周禮』, 『법언法言』, 『회남자淮南子』(상·하) 등 다수가 있다.

《동양학총서 65》 대학집주大學集註

초판 1쇄 인쇄 2020년 7월 3일 | 초판 1쇄 발행 2020년 7월 10일

주희朱熹 집주 | 해역 이준영 | 펴낸이 김시열

펴낸곳 도서출판 자유문고

　　　　(02832) 서울시 성북구 동소문로 67-1 성심빌딩 3층

　　　　전화 (02) 2637-8988 | 팩스 (02) 2676-9759

ISBN 978-89-7030-149-5 04150　　값 12,000원

ISBN 978-89-7030-000-9 (세트)

http://cafe.daum.net/jayumungo